驕 貪 貪 忿 淫 怠 嫉
慢 食 慾 怒 慾 慢 妬

Los siete pecados capitales

일곱 가지 원죄
사탄의 변명

페르난도 사바테르 (Fernando Savater) 지음
김현철 옮김

지식곳간
BookSpain
북스페인

Los siete pecados capitales

일곱 가지 원죄
사탄의 변명

Los siete pecados capitales

일곱 가지원죄
사탄의 변명

지은이 | 페르난도 사바테르

옮긴이 | 김현철

발행인 | 최병식

펴낸날 | 2009년 8월 1일

펴낸곳 | 도서출판 북스페인

　　　　서울시 서초구 서초동 1308-25번지 강남오피스텔1309호

　　　　전화 | 02-3481-1024 / 전송 | 02-3482-0656

　　　　e-mail | bookspain@hanmail.net

책값 | 10,000원

ISBN 978-91482-17-3 03230

Los siete pecados capitales

일곱 가지 원죄
사탄의 변명

페르난도 사바테르 (Fernando Savater) 지음
김현철 옮김

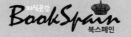
BookSpain 북스페인

본문에 인용된 성경 구절은 공동번역성서(가톨릭용)에 따라 표기하였음

차 례

죄를 짓기 전

　『십계와 21세기』가 TV에서뿐만 아니라 책(『십계와 21세기-
하느님의 명령을 기억하라』)으로도 출판되어 호평을 얻게 되자
'일곱 가지 원죄'에 대해서도 다루어야 하지 않을까 하는 생각
이 들었다. 그래서 우리는 새롭게 팀을 구성하여 TV 프로그램
제작에 착수하게 되었다.

　지금 여러분들이 손에 들고 있는 이 책이 바로 '일곱 가지 원
죄'에 대한 성찰의 결과물이다.

　유구한 역사를 자랑하는 일곱 가지 원죄(교만, 탐식, 탐욕,
분노, 음욕, 태만, 질투)는 아직까지도 우리들의 일상생활에서
나타나고 있다. 어떤 것은 평가 절하되기고 했고, 또 어떤 것은
상당히 변형되기도 했다. 이 일곱 가지 원죄를 지금 우리가 살
고 있는 시대에서 살펴보면 우리는 여러 가지 질문을 떠올리게

된다. 그 질문의 수는 너무 많아 끝이 없을 정도다. 그 모두가 우리 자신의 삶의 의미와 관련된 아주 중요한 문제들이다.

이 일곱 가지 원죄는 종교적·역사적·경제적·사회적·예술적 문제 등등 그야말로 이 세상의 모든 문제와 연관되어 있다. 마음을 열어 당파성과 교조주의를 극복하면 우리는 보다 나은 인간이 될 수 있다. 특히 오늘날과 같이 복잡한 상황으로 인하여 인간 상호간의 이해가 어려울 경우에 우리는 좀 더 개방적인 사고를 가져야 한다.

이 일곱 가지 원죄를 문제 삼을 경우(종교적인 차원을 넘어서서) 우리는 우리 앞에 놓인 기술 문명에 크게 의존하게 될 수도 있다. 우리는 우리의 기술을 이용하여 인공적인 생명체를 만들어낼 수 있다. 완벽한 인간, 하느님의 형상에 가까운 인간을 만들어낼 수도 있을 것이다. 그러나 대단히 위험한 발상이다. 불행하게도 우리는 우리 인간을 비인간화시킬지도 모른다. 우리가 살고 있는 이 세상을 살펴보면 가진 자 및 더 많이 가지려고 하는 자들과 아무 것도 가진 것이 없는 자들 간의 불평등은 갈수록 커져간다. 문제는 단지 물질이 부족하다는 것만이 아니다. 애정과 연대의식의 부족 역시 문제인 것이다.

나는 이 프로그램을 제작하면서 현실에서 드러나는 일곱 가지 원죄의 문제점을 상세히 고찰했을 뿐만 아니라 종교인, 작가, 배우, 철학자들과 의견을 나눌 수 있었다. 모두가 최근 상황과 인류의 미래에 대해 불안해하는 사람들이었다. 나로서는 더할 나위 없이 소중한 경험이었다. 내가 항상 주장하다시피 진리에 대한 토론과 탐구는 우리 인간에게 주어진 준엄한 책임이기 때문이다.

나는 또 사탄과도 화기애애하게 얘기를 나눌 수 있었다. 물론 장난기가 다분하기는 하지만. 사탄은 일곱 가지 원죄를 하나하나 변호했고, 그 원죄들이 인류에게 얼마나 유용한지 설득시키려고 들었다. 뿐만 아니라 그 죄들이 나 자신을 위해서도 필요하다고 호언장담했다.

아무튼 나는 독자들에게 내가 얻은 결론을 전해주고자 한다. 독자 여러분께서도 이 책의 내용을 참고삼아 스스로 생각해보시기 바란다. 내 생각이 다소나마 도움이 되었으면 한다.

죄를 짓기 시작하다

죄에 대해 이야기하다보면 조금 위축되는 경향이 있다. 그러나 죄를 범하는 것은 어떨까. 죄는 우리를 유혹한다. 죄는 매력적이며 우리에게 이익을 안겨주기까지 한다. 지금 우리가 살고 있는 소비사회는 18세기에 형성되었다. 영국의 철학자이며 의사인 버나드 드 맨드빌이 자신의 저서 『개인의 악덕과 공공의 미덕』에서 언급한 것과 마찬가지로, 소비사회는 악덕을 먹고 산다. 이런 뜻이다. 만일 부인네들이 비싼 의류나 보석을 좋아하지 않고, 남정네들이 잘 먹고 편안하게 지내는 것을 원하지 않는다면 지금 우리가 알고 있는 산업과 문명은 끝장나고 만다는 것이다. 그러니까 개인의 악덕이 공공의 미덕으로 돌변하여 사회가 제대로 돌아가도록 만든다는 것이다.

바로 이것이 핵심적인 문제이다. 한 개인에게 있어서 결점이 될 수 있는 것을 전체 사회를 고려하여 억압하게 되면 그 사회 전체가 상당한 피해를 입게 된다. 특히 사람들의 욕구를 충족시켜주는 부분이 치명타를 입게 된다.

프랑스의 작가 장 자크 루소는 이렇게 단언했다. 인간은 순수하고 행복한 상태로 태어난다, 처음 태어날 때는 욕심이 없기 때문이다, 그러나 다른 사람들과 어울려 살게 되면서 욕심이 커져간다, 인간이 사회를 형성한 이유는 서로의 욕심을 만족시켜주기 위해서이다.

사실 원하는 것이 아무것도 없는 사람은 혼자서도 살아갈 수 있다. 그러나 문제는 이 사회가 무엇인가를 소유하고자 하는 우리의 갈망을 토대로 세워졌다는 것이다. 먹고살기 위해서든, 욕심을 채우기 위해서든, 사치를 부리기 위해서든 우리는 무엇인가를 끊임없이 소유하고자 하는 것이다. 그러나 사실은 어떤가. 우리가 소유하고 있거나 또는 소유하기를 원하는 것들 중 대부분은 우리에게 필요 없는 것이다. 우리 인류의 역사는 이런 식으로 흘러왔다.

아메리카 대륙을 발견하게 된 경위에 대해 생각해보자. 아메리카 대륙은 한낱 국에 타먹을 양념거리를 구하기 위한 험난한 탐험의 결과로 발견되었다. 만일 사람들이 음식에 소금을 조금 타먹는 것으로 만족했다면 탐험가들과 정복자들의 운명은 판이하게 달라졌을 것이다. 따라서 우리는 자신 있게 말할 수 있다. 육두구 열매 하나가 우리의 역사를 이끌어왔다고.

우리 모두가 알고 있는 유구한 역사를 자랑하는 일곱 가지 원죄와 이 각각의 원죄를 척결할 수 있다고 여겨지는 미덕은 다음과 같다. 교만-겸손, 탐욕-관용, 음욕-순결, 분노-인내, 탐식-절제, 질투-자비, 나태-근면. 위에 나열한 일곱 가지 원죄는 저마다 매우 다양한 모습으로 나타날 수 있다. 악덕 중의 악덕이라고 할 수 있는 교만을 예로 들어보자. 교만은 허영심, 자만, 거만, 야망 등으로 표출되기도 한다. 성 토마스 아퀴나스는 교만을 "자기 자신을 내세우려는 분별없는 욕구"로 정의했다. 이것은 다시 "분별없는 자존심"이라고도 정의될 수 있다. 교만은 우리 인간을 하느님께 거역하도록 이끄는 용서받지 못할 큰 죄악이다.

가톨릭 전문가들은 이렇게 말한다. 하느님에 대한 인식이 없으면 죄의식을 분명하게 느낄 수 없다, 사람들은 죄를 범하게 되면 그것을 성장장애나 심리적인 약점으로 인한 결과, 실수 혹은 부적절한 사회 구조로 인한 피치 못할 결과 등으로 변명하려고 든다. 인간에 대한 하느님의 계획을 염두에 두고 보면 이런 설명도 가능할 것이다. 즉 죄를 짓는다는 것은 하느님이 피조물에게 선물한 자유를 남용하는 것이라고.

가톨릭 신부 우고 무히카는 이렇게 설명한다. "모든 죄는 예술적인 차원에서 출발한다. 여기에 하나의 삶이 있다. 우리 인간은 이 삶을 통해 자신의 존재를 부각시켜야 한다. 말하자면 자신의 삶에 일정한 형식을 부여해야 하는 것이다. 문화는 우리 생활에 일정한 형식을 부여한다. 이렇게 보면 삶은 예술이라고 할 수 있다. 왜냐하면 형식을 부여한다는 것은 일종의 예술행위이기 때문이다. 삶은 우리에게 주어진 선물과 같은 것이다. 우리는 우리의 삶에 형식을 부여해야 한다."

무히카의 설명을 계속 들어보자. "기본적인 형식은 균형(조화)이다. 그리스 사람들은 아름다움과 질서를 같은 것으로 보았다. 따라서 도를 넘는 것은 죄악이었고, 과도한 것은 기괴한 것으로 여겼다. 질문을 하나 던져보자. 인간 영혼의 열정, 즉 우리가 욕망이라고 부르는 것의 적당한 조화는 어떤 것인가? 어떤 조화가 인간적인 형식을 부여하는가? 나무를 예로 들어보자. 나무는 균형을 이루며 성장한다. 그러나 인간이 사는 세상을 한번 둘러보라. 정신분석학적으로 살펴보든, 마르크시즘적 시선으로 살펴보든, 종교적으로 살펴보든, 신화적인 관점에서 살펴보든 세상의 모든 것은 모순적이며 비극적으로 성장하고 있다. 우리 인간은 두 가지 상반된 성격을 갖고 있다. 우리는 화해를 지향하면서도 한편으로는 싸움을 즐긴다. 우리는 일단 우리 자신의 욕구를 만족시킨 이후에도 남들보다 더 많은 것을 가지려고 안달하게 된다."

영국의 역사학자 존 보시는 이렇게 말한다. "일곱 가지 원죄는 사회공동체의 윤리를 대변한다. 기독교는 이 사회공동체의 윤리를 내세워 중세의 사회적 혼란을 다스리고 폭력을 억제하려고 했다. 일곱 가지 원죄는 공격적인 사회 활동을 징계하기 위해 사용되었다. 일곱 가지 원죄는 오랜 세월 동안(13세기부터 16세기까지) 속죄를 위한 기본적인 강령이었다. 당대 사회의 평화 안정을 위한 결정적인 도구였던 것이다."

원래 일곱 가지 원죄는 인간의 행동거지를 다스리기 위한 경고문이었다. 일곱 가지 원죄는 법령의 기본이 된 십계명과는 달리 취급되었다. 원죄는 인간 영혼을 파멸시킬 수 있는 위생상의 위험을 경고해주기 위해 사용되었다. 욕구를 이기지 못해 도를 넘는 우를 범하지 못하도록 경계하는 경고문이었던 것이다. 오늘날 우리는 주변에서 이와 비슷한(물론 일곱 가지 원죄보다는 덜 심각한 것이긴 하지만) 경고문을 많이 발견할 수 있다. 자기개발서 같은 책들 말이다. 살 빼는 방법, 세 시간 만에 행복해지는 법 따위를 가르쳐주는 책들.

존 보시에 따르면 일곱 가지 원죄는 근대 사회로 접어들면서 그 수명을 다했다고 한다. 참회가 더 이상 사회 갈등을 해소하기 위한 방법으로 인정받지 못하게 되었을 때, 우리 인간이 죄를 심리적이고 내면적인 문제로 인식하게 되었을 때 말이다. 바로 그때부터 일곱 가지 원죄는 버림을 받게 되었고 그 대신

십계명이 우위를 차지하게 되었다. 십계명은 인간들 사이의 수평적인 관계가 아니라 신과 인간 사이의 수직적인 관계를 강조한다. 그래서 우리 인간은 내적 성찰에 유념하게 되었다. 존 보시는 중세에서 근대로의 이행을 사회중심에서 개인중심으로의 이행으로 해석한다.

또 다른 죄를 유발하는 죄는 원죄(原罪)로 간주된다. 성 토마스 아퀴나스는 이렇게 묘사한다. "과도한 욕구로 인한 죄를 우리는 원죄라고 칭한다. 인간이 자신의 욕구를 채우기 위해 많은 죄를 범하게 될 때 그 처음 욕구를 원죄라고 하는 것이다. 하나의 원죄를 근본으로 많은 죄가 저질러지는 것이다."

이슬람교 전문가 오마르 아부드는 이렇게 설명한다. "죄는 요지부동의 것이 아니다. 죄는 관찰자가 보는 관점에 따라 달라진다. 그리고 사회와 문화의 발단 단계에 따라 달라지기도 한다. 2백 년 전에 죄로 간주되었던 많은 행위들이 이제는 더 이상 죄로 여겨지지 않는다. 2백 년이라는 시간은 인간의 장구한 역사로 볼 때 불과 한 순간에 지나지 않는다. 이슬람 세계에는 원죄라는 개념이 없다. 우리 사회에는 무엇이 정당한지 무엇이 부당한지에 대한 정의만이 있을 뿐이다. 우리는 금지된 행위를 '하람(haram)'이라고 부르고 허용된 행위를 '할랄(halal)'이라고 부른다."

각종 종교에서 주장하는 법은 인간이 만들어낸 관습일 뿐이다. 절대 수정 불가능한 신의 명령이 아니다. 과거에 강요되고 지켜졌다고 해도 그건 중요하지 않다. 법은 우리 인간들의 새로운 합의에 의해 변경될 수도 있고 폐기될 수도 있는 것이다.

모든 것을 집어삼키는 죽음

필요충족의 법칙과 죽음은 밀접한 관계에 있다. 필요를 충족시키지 못하면, 예를 들어 배고픔을 해소하지 못하면, 죽음이 따르기 때문이다. 우리는 굶어죽지 않기 위해 먹어야 한다. 자연법칙은 마땅히 존중되어야 한다. 중력의 법칙을 무시하면 안 된다. 만일 우리가 중력의 법칙을 무시하고 건물 7층에서 뛰어내린다면 틀림없이 머리가 깨지고 말 것이다. 논리적이며 필연적인 법칙을 무시하게 되면 죽음을 맞이할 수밖에 없다. 먹고 살기 위해서는 일을 해야 한다. 다시 한 번 말한다. 일을 하지 않는 사람들은 삶을 잃고 죽음을 얻게 될 것이다. 민법은 준수되어야 한다. 국가는 필요한 경우 범법자들을 사형에 처할 수도 있을 것이다. 그리스 시대로부터 철학자들은 노골적으로 필요의 법칙을 무시하는 사람들을 위험시하고 저주했다. 그렇지만 필요의 법칙을 존중한다고 해서 우리가 죽음을 피할 수는 없는 노릇이다. 죽음은 '모든 필요한 것' 중에서 '가장 필요한 것'이기 때문이다. 이렇게 생각하는 것이 타당할 것 같다. 우리는 불사신이 되지 않는 한 필요의 법칙에서 해방될 수 없다고.

16

죽음은 미래에 풀어야 할 과제가 아니다. 다른 고민거리에 한 눈 파느라 죽음을 한편으로 제쳐두어서는 안 되는 것이다.

무히카는 이렇게 말한다. "우리는 모순으로 가득 찬 세상을 살고 있다. 죽음이 우리를 기다리기 때문이다. 우리는 전적으로 모순투성이인 문화 속에서 살아간다. 우리는 수월하게 달에 갈 수 있다. 반면에 대도시의 변두리 지역을 산책한다는 것은 위험하기 짝이 없다. 우리 문화는 자체 내의 모순을 잘 알고 있다. 그래서 죽음을 거부하고 은폐하는 것이다. 우리의 평균 수명(사고를 당하거나 병에 걸리지 않는 한)은 70세 정도다. 과학이 발전하면 95세까지도 가능하다고 한다. 그래서 어떻단 말인가. 시몬느 드 보부아르는 이렇게 말한다. 늙는다는 것은 꿈을 잃는 것이라고. 죽음은 공원묘지라는 말로 치장되고 장의차라는 말로 감추어진다. 장례식을 치르더라도 집에서 멀리 벗어난 곳에서 시간표에 따라 서둘러 치러진다. 예전에는 성(sex)이 금기시되었다면 지금은 죽음이 금기시되고 있다. 죽음은 입에 담기에 거북한 것으로 여겨지는 것이다. 예전에는 죽음이 중요한 문제였다. 그래서 옛날 사람들은 차분하게 죽음을 맞이할 준비를 했던 것이다. 수도사들이 식당 한켠에 해골을 갖다놓은 것도 바로 그런 이유에서였다. 죽음이 균형 내지 조화를 상기시켜주었기 때문이다."

아부드는 이렇게 말한다. "죽음은 우리 인생에서 유일하게 확실한 것이다. 따라서 우리는 죽음이 지닌 진정한 가치를 마땅히 인정해야만 한다. 우리는 종교를 일종의 귀환여행으로 취급한다. 그러니까 지상에서의 우리의 삶은 죽음을 위한 준비과정인 것이다. 우리는 지상에서 어떻게 살았느냐에 따라 천국으로 올라갈 수도 있고 지옥으로 떨어질 수도 있다. 죽음 이후의 삶을 믿지 못하는 사람들에게 일곱 가지 원죄는 사회가 직·간접적으로 강요하는 법칙 이상의 의미를 가질 수 없다. 모든 것은 우리가 종교를 어떤 식으로 이해하느냐에 달린 것이다. 우리가 종교를 편협하게 이해할 경우 종교는 우리 인간에게 해만 입힐 것이다. 종교는 일종의 이정표에 불과하다. 이 이정표를 기준으로 삼을 경우 우리는 불법적인 행위를 가능한 한 자제하면서 살아갈 수 있을 것이다."

랍비 다니엘 골드만의 얘기를 들어보자. "우리는 종종 선(善)과 악(惡)을 삶과 죽음과 연관해서 생각한다. 성경에는 이렇게 씌어 있다. '선하게 살면 삶이 길어지고 악하게 살면 죽음이 따른다, 그러니 인생이여, 어느 쪽을 택할 것이냐.' 그러나 우리는 우선 삶이 무엇인지, 죽음이 무엇인지부터 알아야 한다. 유대 문학 중에 재미있는 이야기가 한 편 있다. 이런 내용이다. 아담은 첫날밤을 맞아 절망에 빠지게 된다. 나머지 인생을 깜깜한 어둠 속에서 살아야 한다고 생각했기 때문이다. 밤이 지나면 아침이 온다는 사실을 몰랐던 것이다. 따라서 우리는 개인과 사회, 선과 악과 연관된 문제를 다룰 때 각각의 것이 무엇을 의미하는지 확실히 파악해야 한다. 그래야 그것에 찬성하느

18

냐 혹은 반대하느냐 하는 우리의 태도를 결정할 수 있기 때문이다."

프랑스 철학자 오귀스트 콩트는 이렇게 확신했다. "의심할 바 없이 모든 사회적 진보는 근본적으로 죽음에 의지하고 있다." 진보를 믿는다면 죽음 또한 믿어야 한다. 성경을 자세히 들여다보면 알 수 있을 것이다. 파괴의 천사가 과연 누구인가. 우리에게 흠 없는 미래를 예고해주는 자가 아닌가. 화염검은 우리를 죽이기도 하지만 우리에게 길을 가리켜주기도 하는 것이다.

죽어 가는 사람들이 흔히 내뱉는 체념 어린 말이 있다. 나는 이 말을 들을 때마다 기분이 씁쓸해진다. "인생법칙이지 뭐." 나는 진심으로 삶을 사랑한다. 그러나 인생법칙이라는 것은 별로 좋아하지 않는다. 특히 죽음과 관련된 인생법칙을 혐오한다. 나는 죽음을 터무니없는 횡포라고 생각한다. 다시 한 번 생각해보지 않을 수 없다. 나는 내 자신에게 물어본다. 나는 진심으로 삶을 사랑하는 걸까? 혹시 착각은 아닐까?

원죄는 자연스러운 것이기는 하지만 도를 지나칠 경우에는 삼가야 한다. 원기를 회복하기 위해서는 먹어야 한다. 당연한 얘기다. 그러나 소 한 마리를 통째로 잡아먹는다면? 용납할 수 없는 일이다. 설사 소 한 마리를 다 먹을 수 있다하더라도 일주일 동안은 꼼짝도 못할 것이다. 여자와 사랑을 나누는 것은 어떨까. 후손을 남기기 위해서라도 바람직한 일이다. 그러나 길거리에서 만나는 여자마다 붙들고 늘어진다면? 그건 도를 넘어선 것이다. 그로 인해 어쩌면 성욕 자체를 잃어버릴 수도 있다.

오마르 아부드는 이렇게 말한다. "욕망과 욕구를 부추기는 산업이 있다. 많은 사람들이 종교가 없다고 떠들어대는 시대를 우리는 살고 있다. 일신교나 신과 관련된 어떠한 종교도 믿지 않을 수도 있는 일이다. 그러나 그런 자칭 무신론자들도 거대한 종교를 믿고 있다. 자본주의와 소비지상주의가 그들의 종교로 굳게 자리 잡은 것이다. 우리는 원죄를 벗어버리고 자본이 야기한 죄악들 속에서 살아간다. 그러나 사람들은 이런 사실을 인정하지 않는다. 보다 안락한 삶을 위해 진보를 구가하고 물질을 구한다고 사람들은 주장한다. 그러나 우리는 무엇이 안락한 삶인지 아닌지 따져보아야 한다."

흔히 '분별없는 욕구'라고들 한다. 그렇다면 한 가지만 물어보자. 무슨 이유로 욕구가 분별이 있어야 한단 말인가? 우리의 욕구가 알고 싶어 하는 것은 얼마나 멀리 갈 수 있느냐 하는 것뿐이다.

우리는 '음란성'이라는 개념을 오로지 인간과 관련해서만 생각한다. 동물은 음란하지 않다. 동물은 충족 가능한 욕구만을 가지고 있다. 음란성은 끝이 없는 욕구, 결코 충족될 수 없는 욕구이다. 동물은 변덕이라는 것을 모른다. 사실 변덕을 부리는 동물은 하나도 없다. 동물은 환상을 품지 않는다. 그러나 우리 인간은 환상이 큰 몫을 차지하고 있는 세상을 살고 있다.

동물은 일단 욕구를 충족시킨 후 한동안 쉬고 나면 더 이상의 것을 바라지 않는다. 욕구를 느낀다고 해도 이전 것과 별로 다르지 않는 욕구일 뿐이다. 동물들은 그런 식으로 프로그램이 되어 있는 것이다. 인간에 의해 조금도 길들여지지 않는 동물들의 세계에서는 이런 현상을 분명히 목격할 수 있다.

다니엘 골드만은 질서와 무질서에 대해 이렇게 말한다. "나는 질서라는 말을 들으면 오싹 소름이 끼친다. 파시즘이 연상되기 때문이다. 과도한 질서는 무질서와 다를 바가 없다. 도를 넘어 추진력을 발동시키면 근본주의로, 원리주의로 빠져들기 십상이다. 오히려 역효과를 불러일으키는 것이다. 우리의 전통 관습에 '시두르(sidur)'라는 기도 의식이 있다. '시두르'는 질서를 의미하는 '세데르(seder)'에서 파생된 단어이다. '세데르'는 유대 유월절의 첫날밤과 두 번째 날 밤을 의미하기도 한다. 질서가 없으면 커뮤니케이션도 이루어지지 못한다. 질서가 없으면 자유도 존재할 수 없다. 자유와 반대되는 개념이 바로 무질서인 것이다. 예를 들어보자. 가치의 무질서, 인간에 대한 이해의 무질서로 인하여 노예제도라는 것이 나타났던 것이다. 범법자들이 벌을 받는 이유도 다 그들이 무질서를 초래했기 때문이다. 이런 점은 성경에 잘 나타나 있다. 성경은 바로 농경사회를 위한 경전이 아니었던가. 법을 지키지 않으면 무질서가 야기된다. 법을 지키지 않는다는 것은 꼭 필요할 때 비가 오지 않는 것과 같고, 이런 저런 식으로 기후가 변덕을 부리는 것과 같은 뜻인 것이다. 예상을 벗어난 이상 기후 현상, 무질서란 바로 이런 것이다."

사도 바울은 우리에게 세 가지 원수가 있다고 말했다. '리비도 센티엔디(libido sentiendi)', '리비도 콩그노시엔티(libido congnoscienti)', '리비도 도미난테(libido dominante)'가 바로 우리의 원수들이다. 감각에 대한 욕심은 식욕과 성욕이며, 지식에 대한 욕심은 더 많이 알고자 하는 욕구와 호기심과 새로운 물건을 만들어내려는 의욕이며, 권력에 대한 욕심은 명령하고 다스리고 다른 사람들을 휘어잡으려는 욕망이다. 이 세 가지 욕심이 가장 기본적인 죄악이다. 다른 죄들은 모두 이 세 가지 원죄에서 파생된다. 우리 인간의 삶이 유지되고 지속되는 이유는 바로 이러한 죄들이 존재하기 때문이다. 하지만 우리는 이 죄들을 인간관계를 조정하는 사회제도를 통해 순화시켜야 한다.

우리 눈에 '좀 더 큰 죄'로 보이는 죄는, 다시 말해 좀 더 쾌씸하고 심각하게 보이는 죄는 우리가 일상생활에서 좀처럼 저지르지 않는 죄이다. 우리는 다른 사람들이 저지르는 죄를 항상 심각하게 받아들인다. 우리는 다른 사람이 저지르는 죄는 위협적인 것으로 받아들이지만 내가 저지르는 죄는 양심을 살짝 어긴 것으로 생각한다.

아부드는 이렇게 설명한다. "우선 정리하고 넘어가야 할 것이 있다. 분노, 음욕, 태만, 탐욕은 종교(유일신 종교이든 아니든)가 죄로 내세우기 전부터 죄악이었다. 소 한 마리를 통째로 잡아먹는 행위는 인간에게 해를 끼치기 때문이다. 이는 오늘날 이나 6천 년 전이나 다를 바가 없다. 종교의 역할은 사람들이 죄를 피할 수 있도록 죄에 대하여 판결을 내리는 것이다. 살인 (자살을 포함하여)은 인류 전체에 대한 범죄라고 코란에는 명시되어 있다. 스스로 목숨을 끊는 자는 하느님의 무한한 자비를 믿지 않는 자이다. 이슬람 세계에서는 절대로 자살을 인정하지 않는다. 자살을 하는 사람은 교리 상으로 영벌에 처해진다. 수백 년, 수천 년 동안, 최후의 심판이 있기까지 자살하는 순간 느꼈던 고통을 계속해서 받게 되는 것이다."

우리는 일생을 살아가는 동안 우리에게 금지된 것을 죄로 생각한다. 어린 시절 나는 고해성사를 할 때마다 그 문제를 생각해보곤 했다. 나는 늘상 거들먹거리며 다녔지만 그걸로 고민해 본 적은 없었다. 나는 어른들에게도 고분고분하지 않았다. 어린 시절의 내 죄는 또 있었다. 나는 성질이 더러웠고, 귀찮은 일을 할 때에는 게으름을 피웠다. 곰곰이 생각해보니 그때나 지금이나 별로 변하지 않은 것 같다.

죄란 누군가의 뜻을 거스르는 행위이다. 궁극적으로 보자면 절대자의 뜻에 반하는 행위이다. 아무튼 죄는 항상 누군가에게 해를 끼치기 마련이다. 문제는 아주 간단하다. 완벽한 고독을 누리는 사람은 실수를 한다거나 경솔하게 행동할 수는 있어도 죄를 저지를 수는 없다. 로빈슨 크루소는 섬에 홀로 살았다. 그래서 죄를 저지를만한 여지가 없었다. 적어도 신이 개입하기까지는, 그러니까 가련한 프라이데이가 나타나기까지는…….

오마르 아부드는 이렇게 설명한다. "이슬람 세계에는 두 가지 현실이 존재한다. 평범한 현실과 특별한 현실이 바로 그것이다. 평범한 현실에서 내가 금지된 행위를 하게 되면 나는 내가 죄를 범하는 것을 목격한 사람들에 의해 재판을 받게 된다. 이와 반대로 특별한 현실, 그러니까 내가 내면적으로 살고 있는 세계에서 죄를 범하게 되면 사악한 생각들이 나를 지배하게 된다. 그러나 가장 중요한 것은 우리가 '시르크(shirk)'라고 부르는 것이다. '시르크'는 '연합', 즉 창조행위 속에서 하느님과의 만남을 의미한다. 우리는 하느님이 없으면 힘도 권력도 존재할 수 없다고 얘기한다. 우리 사회에서는 하느님의 형상을 그려보는 것조차도 죄로 간주된다."

죄의 민주화

프랑스 작가 알베르 카뮈는 어느 걸인의 이야기를 다룬 단편소설을 한 편 썼다. 이 소설에서 걸인은 자신의 불행을 외면한 채 무심히 지나치는 행인들을 보며 이렇게 중얼거린다. "사람들이 나쁜 것이 아니다. 그저 보지 못할 뿐이다." 내 생각으로는 우리 시대에 저질러지는 대부분의 죄는 바로 이 걸인의 말

24

과 연관시켜 생각해보아야 할 것 같다. "사람들은 보지 못한다." 보지 못한다는 것, 우리 시대에는 이것조차 죄가 될 수 있다. 오늘날 우리는 지구촌에서 일어나는 모든 일을 알 수 있는 정보체계를 갖추고 있다. 그럼에도 불구하고 '우리는 보지 못한다'. 그래서 죄가 되는 것이다. 반대급부라고 할까. 하나를 얻으면 다른 하나를 잃게 되니까. 나는 이 '보지 못하는 죄' 또한 원죄로 간주하고자 한다. 이 죄로부터 많은 죄들이 파생되기 때문이다.

죄는 이제 새로운 양상을 보여주고 있다. 그 중 하나가 바로 '죄의 민주화'이다. 얼마 전까지만 해도 엘리트 계층의 특권으로 간주되었던 것들이 이제는 여러 다양한 형태로 일반화 · 대중화되었다. 이제 우리는 가죽으로 장정된 책들이 가득한 도서관을 부러워하지 않는다. 우리는 염가 문고판 책으로도 부자들이 고가 양장본을 통해 얻는 정보와 똑같은 정보를 얻을 수 있다. 고급 양복점을 찾지 않아도, 한정 생산되는 고급 브랜드를 구하지 못해도, 우리는 기성복(prét-à-porter)으로 유행의 첨단을 걸을 수 있다. 외국산 먹을거리를 구하기 위해 외국나들이를 할 필요도 없다. 슈퍼마켓에만 가면 얼마든지 구할 수 있는 것이다. 통조림으로 가공되어 있어 신비감이 떨어지고 폼은 나지 않겠지만, 어쨌든 원하는 것은 다 구할 수 있다.

왕자병은 이제 일반적인 현상이다. 옛날에 유행했던 연극이나 소설을 한번 생각해 보라. 고상한 감정이나 불타는 열정은 모두 부자들만 누리는 사치였다. 셰익스피어의 연극에 가난뱅이는 단 한 명도 등장하지 않는다. 먹고살기에도 빠듯한 가난뱅이들이 무절제한 욕심을 부릴 수 있었겠는가? 모든 것이 상류계급을 위한 것이었다. 이와 반면에 오늘날에는 누구나 과욕을 부릴 수 있게 되었다. 우리는 지금 원죄가 민주화된 시대를 살고 있다.

현대 사회에서 무질서와 과욕을 부추기는 것 중의 하나가 바로 경쟁의식이다. 우리는 모두 승자(勝者)가 되어야 한다. 서른 나이에 백만 달러를 모으지 못하면 바보멍청이 가난뱅이 소리를 듣게 된다. 오후 4시부터 새벽 4시까지 여자들과 희희낙락 즐길 수 없다면 혹시 성불구가 아닌지 의심해 보아야 한다. 경쟁을 통해 물질적인 성공을 염원하는 사회에서 살아남으려면 어느 방면에서든 일인자(一人者)가 되어야 한다. 경쟁의식이 심했던 그리스 사람들은 이상적인 관념을 찾기 위해 고군분투했다. 오늘날 겁쟁이는 최고가 될 수 없다. 겁쟁이는 무용지물이다. 2등은 소용없다. 최고가 아닌 사람은 어디에서도 대접받지 못한다. 최고가 되지 못하면 한낱 물건 취급밖에 받지 못하는 것이다. 우리는 최고가 되기 위해 끊임없이 발버둥 쳐야 한다. 그래서 최고가 되었다고 해도 그 기쁨을 만끽할 겨를이 없다. 최고의 자리에서 밀려날 것 같은 두려움이 최고가 되어 얻는 만족감보다 훨씬 강하기 때문이다. 실컷 두들겨 패주고 나서 고작 한 대 얻어맞은 것에 억울해하는 꼴과 같다.

어린 시절 우리는 덕을 쌓으라는 덕담보다는 죄를 짓지 말라는 잔소리를 더 자주 들었다. 긍정적인 말보다는 부정적인 말을 더 많이 듣고 자란 것이다. 우리는 흔히 이렇게 생각한다. 죄는 약한 데서 나온다. 덕(德)은 선(善)을 힘입어 나온다. 따라서 덕을 행하기 위해서는 노력이 필요하다. 우리는 흔히 바이올린 천재, 축구 신동이라는 표현을 사용한다. 이는 모두 각각의 분야에서 강하고 뛰어난 사람을 나타내는 표현이다.

예를 들어보자. 이탈리아의 작가 겸 사상가 니콜로 마키아벨리는 체사레 보르자를 이렇게 평가했다. "기독교적인 관점에서 보자면 체사레 보르자는 덕이 없는 사람이다. 그러나 그는 그 누구보다 뛰어났기 때문에 덕을 갖추었다고 할 수 있다." 힘의 논리다. 이는 덕을 부드러운 것으로 보아온 전통과 어긋나는 것이다. 우리는 이런 말을 종종 듣는다. "아무개 말이야, 아주 착해. 가난뱅이거든." 안토니오 마차도는 그의 유명한 시 「자화상」에서 이렇게 노래한다. "나는, 좋은 의미로 말해, 착한 사람이다." '착하다'라는 단어에는 여러 가지 뜻이 함축되어 있다. 바보, 약골, 속여먹기 좋은 놈 등등.

그러나 덕을 다른 식으로 평가하는 시선도 있다. 내가 쓴 『무(無)에서 태어난 자들』이라는 책에서 셜록 홈즈의 입을 통해 한 말이 생각난다. "사실 나는 이렇게 믿는다. 덕은 저 천국에서 몇몇 자비로운 사람들에게 떨어진 은혜도 아니고, 하늘나라 법이나 세속의 법에 유순하게 복종하는 그런 것도 아니다. 덕은 우리가 주어진 환경에서 취할 수 있는 최선의 결정이다. 나는 '최선'이라고 말했다. 승리하고, 잘 살고, 힘이 넘치고, 좀 더 오래살기 위해서는 덕스럽게 행동할 수밖에 없다. 어떤 사건을 조사하다가 벽에 부딪혔다고 치자. 마지막으로 한 번 더 시도해보 것, 그것이 바로 덕이다. 확률은 반반이다. 성공할 수도 있고 실패할 수도 있다. 사건을 설명하기 위해 불가능한 정황만을 쌓고 쌓는 것보다는 그 편이 훨씬 유익하다. 아무리 이해가 가지 않는 사건일지라도 거기에는 일정한 행동방식이 있기 마련이다. 손 놓고 있기보다는 무언가 시도해보는 것, 그것이 바로 진정한 덕이며 윤리의식이다."

아부드는 이렇게 설명한다. "하느님이 우리에게 주신 가장 큰 선물은 영혼이 아니라 지성이다. 지성은 이성과 마찬가지로 성격이 고분고분하다. 그러나 영혼은 반항적이다. 하느님의 명령을 거역하는 마당에 인간의 뜻을 거역하지 않겠는가? 영혼으로 하여금 유익하고 좋은 일을 하도록 만들기 위해서는 죄로부터 지고의 선까지 모든 것을 경험해보아야 한다. 이것이 바로 이슬람교도들의 연금술이다. 우리 현인들이 먼지를 금으로 바꿀 수 있다고 말한 것은 바로 이런 생각을 전해주기 위해서였다. 다시 말해, 비천한 물질(평범한 사람)을 고귀한 물질(덕이 있는 사람)로 바꾸는 것이다."

동서고금을 막론하고, 야만사회나 문명사회를 통틀어 거짓이 진실보다 낫다고 주장하는 문화는 없다. 또한 비겁함이 용기보다 더 낮다고 주장하거나, 비겁한 사람들이 용기 있는 사람보다 더 칭찬 받는 사회도 없다. 그리고 탐욕이 관용보다 더 좋다고 주장하는 문화도 없다. 모든 사회 문화는 다른 사람들을 위해 관용을 베풀라고 권고한다. 왜 그런가? 왜냐하면 덕은 삶을 풍요롭게 만들기 때문이다. 죄는 우리의 나약함으로 인해 저질러진다.

강한 사람은 거짓말을 하지 않는다. 나약한 사람들만이 거짓말을 한다. 강한 사람은 욕심을 부리지 않는다. 죽음이 모든 것을 앗아갈까 싶어 두려워하는 사람들만이 자기 주변에 성벽을 높이 쌓아올린다.

죄는 우리의 나약함에서 나온다. 우리의 나약함은 우리를 죽음으로 이끈다. 그러나 덕은, 용기는 죽음으로부터 우리를 지켜준다. 예를 들어보자. 당신은 주말에 굶주리게 될까 싶어 이웃에게 자선을 베풀지 않을 수도 있다. 그러나 다른 사람들에게도 자선을 베풀지 말라고 강요할 수는 없는 노릇이다. 모든 사회는 자선을 권장한다. 자선은 우리 모두에게 유익하기 때문이다.

아리스토텔레스는 『니코마코스 윤리학』에서 덕을 중용과 같은 것으로 묘사했다. 아리스토텔레스는 이렇게 얘기한다. 무모한 사람과 비겁한 사람 사이에 자신을 보호할 줄 아는 사람이 존재한다고. 기하학적인 중간 지점을 얘기하는 것이 아니다. 행동을 하는데 있어서 도를 지나치게 되면 결함이 될 수 있으니 조심하라는 얘기다. 전쟁터를 생각해보자. 전투가 벌어진 상황에서 참호에 틀어박혀 납작 엎드려 있는 병사, 적에게 아무런 저항도 하지 못하는 병사는 아무짝에도 쓸모없는 인간이다. 그리고 가슴을 열어젖힌 채 어디 쏠 테면 쏴봐라 하는 식으로 참호 밖으로 뛰쳐나가는 병사도 쓸모없기는 마찬가지다. 자신의 몸을 감추고, 조심스럽게 참호 밖으로 총구를 내밀고, 신중하게 사격하는 병사야말로 유용하면서도 용기 있는 병사인 것이다. 아리스토텔레스는 이렇게 주장한다. 일에 뛰어들기 위해서는 행동능력이 뒷받침되어야 하고, 최고의 성과를 거두기 위해서는 능률이 있어야 한다고. 『니코마코스 윤리학』의 재미 있는 점은 결코 덕을 정의하지 않았다는 것이다. 덕이 무엇인지 배우고자 한다면 덕을 갖추고 있는 사람들을 찾아보라고 충고할 뿐이다. 덕은 추상적으로 배울 수 있는 것이 아니다. 아리스토텔레스는 장엄함과 장대함에 대해서도 논했다. 용기 있는 사람이란 과연 어떤 사람일까? 한번 생각해 보라. 당신은 위기의 순간에 어떤 친구를 곁에 두고 싶은가? 당신은 위기의 순간에도 정신을 잃지 않고 당신을 도와줄 수 있는 친구를 신뢰할 것이 틀림없다. 이런 사람이 바로 용기 있는 사람이다. 그렇다면 너그러운 사람은? 경제적으로 쪼들릴 때 달려와 도와주는 친구, 그런 사람이 너그러운 사람이다.

덕은 사람에 따라, 행동에 따라 각각 다르게 나타난다. 용기 있는 사람도 모든 분야에서 용맹을 떨칠 수는 없다. 때로는 성질 사나운 모습을 보일 때도 있다. 그리스 비극에서 이런 경우를 자주 보게 된다. 아리스토텔레스의 주장을 바탕으로 결론을 내려 보자. 덕은 구체적인 상황에 따라 사람들이 취하는 행동을 보면서 배울 수 있다. 공공장소에서, 전쟁터에서, 개인의 사생활에서, 예술품을 통해, 우리는 용기가 무엇인지 알 수 있다. 덕을 갖출 수 있는 유일한 방법은 덕을 갖춘 사람을 닮으려고 노력하는 것이다.

아부드는 이렇게 얘기한다. "이슬람교도들은 예언자 마호메트의 삶을 통해 덕을 배운다. 그리고 코란에 기록된 내용으로부터도 도움을 받는다. 그러니까 이슬람교도는 모방을 통해 덕을 배우는 것이다. 이는 그리스 사람들과 같다. 부모님, 친구, 필요할 때나 어려울 때 달려와 도와주는 사람들의 모범적인 행동을 통해 우리는 덕을 배운다. 시시때때로 우리에게 선으로 이르는 길을 가르쳐주는 사람들을 모방함으로 우리는 덕을 배우게 되는 것이다."

한편, 우리 사회는 약탈과 사사로운 이기심을 토대로 세워졌다. 그 결과 우리 사회는 지극히 사소한 분야에서도 복잡하기 짝이 없다. 쿠바 혁명 초기에 피델 카스트로는 어마어마하게 종류가 다양한 시거를 서너 가지 종류로 통일시키려는 계획을 세웠다. 이상적인 평등 사회를 구현한 것을 기념하려는 의도였다. 그러자 전문가들이 나서 카스트로를 설득시켰다. 시거 산업을 계속 육성시키기 위해서는 다양한 종류의 시거를 그대로 유지해야 했기 때문이다. 전 세계의 끽연가들의 취향이 그만큼 다양했으니까.

어려운 지경에 이르면 삶의 의미가 종종 달라지기도 한다. 당신이 굶주림으로 죽어가고 있다고 가정해보자. 당신은 삶의 윤리적인 측면에 대해 고민하며 시간을 낭비할 것인가? 그렇지 않다. 당신은 당장 먹을 것을 찾아 나설 것이다. 그럴 경우에는 먹는 것이 우선이다. 그렇지 않은가. 먹지 않으면 내일까지 버틸 수 없으니까. 1972년에 사고로 안데스 산맥에 불시착한 비행기 승객들이 그런 경험을 했다. 그 사람들은 살아남기 위해 먼저 죽어간 친구들의 시신을 뜯어먹었다.

굶주림은 희한하게도 사람들을 단순화시킨다. 많은 사람들이 굶주렸던 시절을 그리워하며 추억에 잠긴다. 아주 힘들게 보낸 시절이었음에도 그렇다. 전쟁을 겪었을 때, 불경기가 몰아닥쳤을 때. 왜 그럴까? 공중폭격이 시작되었다고 치자. 당신은 오늘 오후는 무슨 일로 보낼까 고민하지 않는다. 다만 폭탄을 맞지 않기 위해 몸을 피할 궁리만 하게 된다. 이런 상황이 닥치면 선택의 여지가 없다. 무엇을 해야 할지 분명하게 알 수 있다. 우리 인간은 안락한 집에서 배불리 먹고 편안하게 쉬다가 지겨워지면 주변을 두리번거리며 이런 생각을 하게 된다. 잠자리에 들 때까지 다섯 시간이 남았네, 자, 이제 뭘 한다?

삶의 의미를 찾는다? 이건 충만한 삶을 누리는 사람들의 몫이다. 동물들은 일단 먹고, 마시고, 싸고, 교미를 붙고 나면 잠에 빠져든다. 동물들은 하루에도 수차례 잠을 잔다. 할 일이 없기 때문이다. 그렇다고 걱정을 하지도 않는다. "자, 이제 자유시간인데 뭘 하고 지내야 하지?"라고 고민하는 고양이는 없다. 고양이들의 삶은 바로 이런 것이다. 배가 고파 깨어날 때까지 줄곧 잠자기.

동물들의 본능은 구체적인 질서를 유지하는 방향으로 정해졌다. 먹어야 하기 때문에 먹고, 교미해야하기 때문에 교미하고, 누군가에게 걷어차이지 않기 위해 안전한 곳으로 숨는다. 그러나 우리 인간은 우리의 본능에 한계를 두어야 한다. 우리의 본능에는 타고난 것이 아닌 충동도 섞여 있기 때문이다. 당신은 당신의 삶에 질서를 부여할 책임을 지고 있다. 물리적인 현상을 제외한다면 원래 자연에는 한계가 없다. 우리는 피로를 느끼기도 하고 절대적인 만족감에 빠지기도 한다. 우리의 욕심에는 한계가 없다. 그래서 마약이나 알코올로 문제가 발생하기도 한다. 우리 인간은 위험한 줄 뻔히 알면서도 '한 잔 더, 한 잔 더'를 외친다. 음주운전을 하게 되면 다른 사람들까지 위험하게 만드는데도 말이다. 물론 술을 마시는 당사자에게도 좋을 리가 없다. 간경변증에 걸릴 수도 있으니까 말이다.

질서를 유지시키는 또 다른 메커니즘도 존재한다. 만일 당신이 당신 자신을 관리하지 못하면 사회가 당신을 관리한다. 두 가지 사회제도가 뛰어난 기능을 발휘한다. 교육과 법률. 교육은 주체할 수 없는 우리의 욕망을 다스리는 방법을 우리에게 가르쳐준다. 만일 당신 스스로 당신의 욕망을 다스리지 못하면 법률이 당신의 욕망을 다스리게 된다. 만일 당신이 간절히 원하는 물건이 있다고 치자. 그런데 당신 수중에 있는 돈으로는 그걸 결코 살 수 없다. 그래서 당신은 그 물건을 훔치기로 결심한다. 그 다음에는? 감옥살이가 당신을 기다린다. 법률은 당신이 자제력을 키울 수 있도록 도와주는 역할을 한다. 그러나 문제는 법률도 욕망을 완전히 제압하지 못한다는 것이다. 지나치게 엄격한 법률은 사회발전에 지장을 초래할 수도 있다.

골드만의 말을 들어보자. "교육은 특정 문화권 내에서 인간의 한계를 정해준다. 다시 말해, 무엇이 창조적인 것인지 아닌지, 무엇이 선한 것인지 아닌지를 결정하는 것은 바로 문화인 것이다. 여기서 각 개인의 이데올로기적 태도가 결정된다. 그리고 바로 여기서 특정 문화권 내에서의 사회적 행동 규범이 형성된다. 교육은 강력한 검열 도구이다. 교육은 당신에게 금지 사항이 무엇인지 가르쳐주는 사회적 도구인 것이다. '교육'은 히브리어로 '지누흐(jinuj)'라고 한다. 이 단어에는 '가르치다'라는 의미뿐만 아니라 '질책', '질식'이라는 의미도 함축되어 있다."

내 몸을 보호한다는 점에서 절제는 내가 가장 높이 평가하는 덕목이다. 나는 먹고 마시는 것을 좋아한다. 물론 섹스도 즐기는 편이다. 그렇지만 경쟁적으로 허세를 부리는 일이라면 딱 질색이다. 나는 운이 좋아서 그런지 쉽게 즐거움에 빠져든다.

그래서 쾌락을 맛보기 위해 내 몸을 혹사시킬 필요가 없다. 아리스토텔레스는 인간에게 가장 중요한 덕목으로 절제를 꼽았다. 나 역시 동감이다.

그러나 일상생활에서의 과도한 절제는 철저히 비관주의적인 성격의 일면으로 보일 수도 있다. 몰지각한 행위는 내 자신이 불사신이라는 감정 때문에 나타난다. 몰지각한 행위를 하게 되면 무수한 적을 만들게 되고, 속을 알 수 없는 소용돌이 속으로 빠져들게 된다. 하지만 자신감, 마음의 여유가 없으면 비관주의자가 되고 만다.

거절하지 못할 때 생기는 위험

부모로부터 '안 돼'라는 말을 들어보지 못하고 자란 어린이와 청소년들은 죄의식이 희박하다. 얼마 전에 있었던 일이다. 나는 열두 살짜리 어린 아이와 이야기를 나누었다. 학습태도와 행동거지에 문제가 많은 아이였다. 아이의 부모는 지나치게 자유분방한 양반들이었다. 나는 아이에게 이렇게 말했다. "걱정하지 않아도 된다. 부모님은 널 진정으로 사랑하셔요. 그에 보답해야지. 열심히 공부해라." 그러자 아이가 이렇게 대답하는 것이었다. "엄마 아빠가 날 진심으로 사랑한다고요? 순 거짓말. 엄마 아빠 날 사랑하지 않아요. 단 한 번도 '안 돼'라고 한

적이 없거든요." 이 아이의 생각이 옳다. 아이는 이렇게 이해하고 있다. "우리 부모가 바라는 것은 내가 귀찮게 하지 않는 것이다. 그래서 내가 뭘 하겠다고 하면 다 허락하는 것이다. 우리 부모는 내 말이라면 뭐든지 다 들어준다. 한 마디로 내게 관심이 없는 것이다. 우리 부모가 계속해서 나를 지켜보았다면 내가 하는 행동에 간섭하고 나왔을 것이다." 자식에게 한계를 그어주지 않는 부모는 자식들이 바라는 것이 무엇인지 알지 못한다. 자식들이 간절히 바라는 것은 관심, 다시 말해 애정이다. 그건 돈으로도 살 수 없는 것이다.

골드만은 한계가 각 개인이 특정 상황에서 내리는 결정과 밀접하게 연관되어 있다고 생각한다. 그의 말을 들어보자. "(미리 설정된) 한계는 없다. 한계는 우리 자신이 정해야 한다. 우리는 우리가 하지 말아야 할 일이 무엇인지 안다. 우리는 경계선이 어디서부터 시작되는지 알고 있다. 아무튼, 유대 전통에는 죄라는 개념이 없다. '실수'라는 개념이 있을 뿐이다. 대부분의 실수는 만회할 수 있다. 이 세상도 개선될 수 있다. 우리는 연속해서 실수를 저지르며 살아가지만 그 과정에서 만회할 수 있는 방법도 찾아간다. 그래서 균형이 유지되는 것이다. 우리는 히브리어로 기도를 '테필라흐(tefilah)'라고 한다. 이 말은 '자기 스스로 판단하다'라는 의미도 내포하고 있다. 이 말이 '단층(斷層)'을 의미하는 아랍어에서 나왔다고 주장하는 사람들도 있다. 지각 변동의 결과 지각에 갈라진 틈이 생기고 이에 따라

지층이 어긋나서 멎지 않는 현상 말이다. 이럴 경우에는 그 어긋난 지층을 다시 평평하게 맞추어야 하지 않겠는가."

혹시 이랬던 것은 아닐까. 우리는 교육을 통해 먼저 죄에 대해 배웠고 다음에는 죄를 범하는 법을 배웠다. 죄를 범하는 것이 재미있으니까.

프랑스의 사상가 조르쥬 바타이유는 그의 저서 『에로티즘』에서 이렇게 주장한다. 쾌락의 절반은 죄를 범하는 것으로 얻는다고. 내 어머니의 친구 중 한 분은 달콤한 음식을 먹을 때마다 이런 말을 하곤 했다. "이런 건 원래 죄로 처벌해야 하는데!" 날씬한 몸매를 유지하기 위해서는 초콜릿을 거부해야 한다. 하느님의 율법에 이런 내용도 있는 것일까? 사람들이 흔히 입에 올리는 그 유명한 딜레마가 바로 여기서 등장한다. "좋은 일은 무조건 죄다. 살찌는 것도 죄다."

우리는 죄에 대한 두려움과 범죄에 대한 유혹 속에서 교육을 받아왔다. 그래서 달콤한 음식에 대한 욕구는 우리가 가진 욕망 중에서 별로 중요하지 않은 것일 수도 있다. 요즘 젊은이들은 사회 질서를 유지하기 위해 필요한 금지 사항들과 갈등을 겪고 있다. 이것이 큰 문제다. 가정 내에서의 문제는 별로 중요하지 않다. 술에 취한 젊은이들을 맨 처음 건드리는 사람은 바로 경찰이다. 경찰은 이렇게 호통 친다. "여기서 토하면 안 돼." 그리고 잽싸게 벌금을 물린다. 하지만 집에서는 고주망태가 되어 들어온 자식일지라도 아주 반갑게 맞아준다. 그러니까 요즘 젊은이들은 하느님의 율법을 범하기 전에 우선 인간이 만든 법을 위반하게 되는 것이다. 우리는 이런 세상을 살아가고 있다. 토끼들처럼 교미하고, 술고래인양 퍼마시고, 그리고 부모들은……. 부모들은 그저 비 구경하듯 쳐다만 본다. 우리는 하느님의 율법을 어기기 이전에 실정법을 범하게 된다. 하느님에 대해 죄를 저지르는 것은 가정 내에서는 별로 중요하지 않다. 종교가 없는 집이라면 문제도 되지 않는다. 그런 집은 특히 위험하다. 자식들을 돌보거나 교육시키는 일을 등한시하기 때문이다.

실제적인 죄, 정신적인 죄, 거리를 활보하는 죄악들

칠레 작가 에르난 리베라 레텔리에르의 말과 같이 어떤 곳에서는, 특히 작은 마을에서는 인간 개개인이 죄의 모습을 보여주기도 한다. "내가 태어난 팜파 지역에서는, 주민 수가 별로 많지 않은 마을에서는 일곱 가지 원죄가 길거리를 활보하는 것을 목격할 수 있다. 내 고향에는 마리아 마라분타라는 엄청나게 뚱뚱한 부인이 있었다. 그 부인은 탐식의 표본이었다. 그리고 늘상 인상을 쓰고 다니던 고리대금업자 펠리페 씨는 탐욕의 표상이었다."

우리는 실제적인 죄와 정신적인 죄에 대해서도 생각해보아야 한다. 내게는 마치 걸신이라도 들린 듯이 음식을 탐하던 친구가 한 명 있었다. 그러자 사람들이 콜레스테롤 과다니 어쩌고저쩌고 하면서 내 친구에게 혹독한 다이어트를 강요했다. 이에 내 친구는 그 과정을 잘 이겨나갈 수 있는 방법을 나름대로 찾아냈다. 내 친구는 매일 뮈스릭스(müslix)를 조금 탄 요구르트를 먹으며 화보가 실린 요리책을 보았다. 갖가지 요리 사진이 실린 책을 말이다. 친구는 맛있는 음식을 먹는 것을 상상하면서 자신을 위로했던 것이다. 나쁜 생각이나 나쁜 행동을 하고 싶은 욕구를 그런 식으로 달래는 사람들도 있다. 이들도 내 친구와 똑같은 부류라고 할 수 있다. 자기 아내 외에 다른 여자는 전혀 돌아보지 않는 남편도 있다. 그러나 당신이 카메론 디아즈와 잠자리를 같이 하는 꿈을 꾼다 해도 이를 말릴 사람은 아무도 없다.

아부드는 이렇게 말한다. "이것은 전적으로 개인적인 문제다. 나쁜 생각을 평가하고 판단하기 위해서는 당사자의 윤리, 도덕, 자기 판단을 고려해야 한다. 우리처럼 종교가 있는 사람들은 우리 속에 있는 신성함이 우리를 판단한다. 우리 선지자께서는 이렇게 말씀하셨다. '주님 앞에 선 심정으로 주님을 찬양하라, 비록 너는 주님을 보지 못할지라도 주님은 분명 너를 지켜보고 계신다.' 우리 신자들은 이런 식으로 삶을 살아간다. 따라서 문제가 발생했을 때 사람들의 판단은 별로 중요하지 않다."

지금 이 시대에 우리 인간의 가장 큰 문제는 따분함과 싸우는 일이다. 우리는 오랜 역사를 통해 갖가지 방법으로 따분함과 싸워왔다. 예술, 철학, 경제 활동 등등, 이 모두는 바로 따분함과의 투쟁이었다.

대부분의 죄는 그 자체가 수단일 뿐만 아니라 목적이기도 하다. 죄는 수단이며 목적인 것이다. 예를 들어보자. 당신은 섹스를 할 때 섹스의 목적이 후손을 생산하는 것이라는 사실을 완전히 잊어버린다. 돈도 이와 비슷하다. 돈이 매매의 수단이라는 사실은 누구나 다 알고 있다. 그러나 돈을 모으고 소유하는 것이 궁극적인 목표가 되어버리면 그건 죄가 된다.

거의 모든 죄는 그 자체가 목적이 될 때 죄로 간주된다. 위험이 닥쳤을 때 신중해지는 것은 바람직한 일이다. 어린 나이에 요절하기 싫다면 신중에 신중을 기해야 한다. 그래야 오래 살 수 있다. 그러나 조금 위험해 보인다싶어 줄행랑을 놓는다면 그건 잘못이다. 신중을 기하는 것과 엄살을 떠는 것은 분명 별개의 것이다.

우리는 하느님을 믿을 수도 있고, 악마를 믿을 수도 있고, 성삼위일체를 믿을 수도 있고, 죽은 자의 부활을 믿을 수도 있다. 그러나 나는 그 어떤 종교가 되었든 그 종교에 기생하는 사제들은 절대 믿지 않는다. 가톨릭의 주교도, 유대교의 랍비도, 기독교의 목사도, 이슬람 시아파 종교지도자 아야톨라도 믿을 수 없다. 나는 그들이 선량한 사람이라고 판단되면 그때는 믿을 수 있다. 그들이 종교인으로 선량하기 때문에 믿는 것이 아니라 종교인임에도 불구하고 선량하기 때문에 믿는 것이다. 우리는 지금 종교적 교조주의가 판을 치는 세상을 살고 있다. 종교는 '똥구멍'이 찢어지도록 가난한 사람들로부터 지상 최고의 권력을 누리는 계층까지 널리 퍼져있다. 그건 나 역시 인정하는 바이다. 종교지도자들은 자신들이 하느님의 명령에 따르고 있다고 큰소리친다. 종교에 따라 가지각색의 서로 모순되는 호언장담이 난무하는 세상, 지금 세상이 바로 이런 세상이다.

驕慢

食慾怒慾慢妬
貪貪忿淫怠
貪忿淫怠嫉

作가가 사탄 루시퍼와 함께 교만과 겸손에 대해 이야기를 나눈다

01

작가가 사탄 루시퍼와 함께
교만과 겸손에 대해 이야기를 나눈다

驕慢
貪食
貪慾
忿怒
淫慾
怠慢
嫉妬

사탄 : 고명하신 철학자님께서 이 누추한 곳을 찾으시다니, 어인 일이신고?

작가 : 그렇습니다. 이렇게 찾아왔습니다. 집이 누추한 것도 같고 또 아닌 것도 같고. 어쨌든 일단 얘기나 좀 나눠봅시다. 이제 보니 집은 좀 누추하다 해도 집주인 양반은 전혀 그렇지 않은 것 같습니다그려. 전혀 반대인데요. 삶의 의미와 존재 의의가 마치 교만인 것 같습니다그려. 이렇게 사는 것도 만만치 않을 텐데.

사탄 : 만만치 않다? 말을 너무 함부로 하는 건 아닌가? 교만이라면 과거 내 주인을 따를 자가 없지.

작가 : 자존심에 상처라도 입은 모양이지요? 요즘에는 다들 당신을 '추락 천사'라고 불러대니 말이요. 하느님께 대들었다가 망한 존재, 자기 주제를 모르고 날뛰었던 존재.

사탄 : 오해가 많은 것 같은데, 바로잡아줘야 할 것 같소이다. 당신 앞에 있는 자는 자신감으로 똘똘 뭉친 사나이올시다. 세상에 보기 드문 존재란 말이지. 나 같은 존재가 조금만 더 있었더라도 세상은 달라졌을 거요.

작가 : 그래 바로 그거요. 그게 문제란 말이지. 지금 세상에 당신과 같은 사람이 넘쳐나는 게 문제란 말입니다. 당신 같은 사람이 지금보다 더 많아진다면 무슨 일이 생길지, 생각만 해도 끔찍합니다.

44

당신은 그야말로 표본적인 존재요. 피조물로서의 자기 주제를 망각한 존재, 주님께 대항한 인물 말이야. 주님께서는 당신의 욕망에 한계를 그어두셨어. 교만이야말로 당신의 특성을 가장 잘 나타내주는 거야. 우리 겸손한 인간들은 말입니다, 교만을 떠올리면, 절정의 권력을 누렸던 루이 15세와 루이 16세가 생각납니다. 그런데 당신은 교만을 별로 중요하게 생각하지 않거든. 당신은 뭐든 나누고 분리하려고 들어요. 당신은 사람들끼리 서로 무시하는 것을 보고 좋아한단 말이지요.

사탄 : 그런 바보 같은 소리는 그만 두시지 그래. 중요한 것은 적자생존(適者生存)이라는 거야. 이 세상에는 잘난 사람도 있고 못난 사람도 있어. 누구나 다 자기 주제에 따라 사는 거야.

작가 : 이제 문제가 분명해졌군요. 무슨 근거로, 누가 선택을 하는데? 누가 선택을 받을 수 있는지 그렇지 않은지 대체 누가 결정하는데? 우리 각자가 어디에 있어야 하는지를 결정하는 자가 누군데? 남보다 더 약한 사람도 없고, 남보다 더 비난받아야 할 사람도 없고, 남보다 더 변덕스러운 사람도 없어요.

사탄 : 이보시오, 철학자 양반. 당신은 지금 내가 교만할 뿐만 아니라 나약하다고 주장하는 거요? 이제 보니 당신도 나 못지않게 교만한 것 같은데,

驕慢
貪食
貪慾
忿怒
淫慾
怠慢
嫉妬

그렇지 않나?

작가 : 그런가요? 미안하게 됐소이다. 하지만 난 진짜로 교만한 건 아니오. 고집이 좀 세고 따지기를 좋아하기는 하지만. 특히 사리분별을 유난하게 따지는 편이기는 해요. 하지만 난 이 세상만물 모든 것에 시비를 걸지는 않아요. 누구처럼 인기를 얻기 위해 그러지는 않는다는 말씀. 다투는 것 외에는 인기를 끌지 못하는 그런 사람들 있잖소 왜.

사탄 : 그건 그렇고, 내가 알기로는 당신도 철없던 시절에는 꽤나 엇나갔다고 하던데…….

작가 : 어릴 때는 좀 그랬지요. 종종 이런 생각이 들었거든요. 내가 보기에는 분명히 바보 같은 짓거리들인데, 아무 말도 않고 참고 견뎌야 하는가? 왜 그래야 하는가?, 하고 말이지요. 나는 그걸 죄라고 느껴본 적이 없어요. 그래도 이 점은 인정할 수 있소. 내가 지은 죄 중에서 가장 큰 죄는 일마다 정당성을 찾았다는 거지. 내 어머니는 귀찮을 정도로 잔소리가 많은 분이었는데, 나는 절대 고분고분하지 않았거든. 어머니 말에 꼬박꼬박 대들었단 말이지.

사탄 : 그런 점은 내 친구 위정자들과 비슷하군 그래. 어떤 부류든 힘깨나 쓴다고 하는 작자들은 다 그렇잖소. 그래도 그런 작자들이 없으면 이 세

상은 그냥 망하고 말걸. 그건 인정하셔야지.

작가 : 그런 작자들이야말로 가장 악독한 놈들이지요. 특히 겸손한 채 가면을 뒤집어쓰고 있는 작자들 말입니다. 완전 사기거든요. 이런 정치인, 군대 장성, 고위 성직자들은 전혀 부끄러움을 몰라요. 말들은 잘 하지. 자리에 대한 욕심은 없다고, 내가 그런 자리를 차지하는 것은 다 공공의 이익을 위해서라고. 이런 작자들은 자리에서 물러난 뒤에도 다시 그 자리를 차지하기 위해 끊임없이 음모를 꾸민단 말이지. 사기성 농후한 겸손함보다 더 나쁜 것은 없어요.

사탄 : 그 점에 대해서는 전적으로 동감이요. 나는 겸손함이랄지, 속임수랄지, 거짓이랄지 하는 것은 참을 수 없거든. 한 마디로 위선이라면 넌덜머리가 난단 말이지.

지금까지의 역사를 되돌아보시오. 나 같은 존재가 얼마나 많았소. 사람들은 이런 내게 모든 면에서 감사해야 합니다. 사람들은 나로 인하여 자기반성이라는 것을 하는 게 아니겠소? 나를 반면교사로 삼아서 말이지.

1. 교 만

驕慢

성경에 의하면 교만은 가장 큰 죄일 뿐만 아니라 모든 죄의 근원이다. 우리는 교만한 마음에서 대부분의 죄를 짓게 된다.

자부심을 내세우는 것, 이건 교만이 아니다. 여기서 말하는 교만은 나 아닌 다른 사람을 업신여기는 것이다.

골드만의 말을 들어보자. "결국 교만은 우리 인간에게 상처만 줄 뿐이다. 자신이 어떤 상황을 지배하고 있다고 믿지만 실제 상황은 그렇지 못할 때 그 사람은 상처를 입게 된다. 우리는 삶의 결정적인 순간에 종종 불확실성에 빠지게 된다. 그래서 우리에게는 이런 속담이 전해 내려온다. '우리는 두 장의 메모를 호주머니에 따로따로 넣고 다녀야 한다. 한 장의 메모에는 〈세상은 나를 위해 창조되었다〉라고 적고 다른 메모에는 〈나는 단지 먼지나 재에 불과한 존재다〉라고 적어라.'"

교만하게 되면 인간 사회에서 이웃과 조화를 이루지 못하고 더불어 살아갈 수 없다. 그래서 죄가 되는 것이다. 우리 인간의 삶은 대부분 다 엇비슷하다. 우리 모두는 태어나 살면서 언젠가는 죽을 것이라는 사실을 알고 있다. 우리는 어려움과 실패와 꿈과 기쁨을 함께 나누며 살아간다. 남들보다 뛰어나다고 생각하는 사람, 다른 사람들의 인간성을 무시하는 사람, 다른 사람들과의 상호연대를 무시하는 사람, 이런 사람은 죄인이라고 할 것이다. 다른 사람들의 인간성을 무시한다는 것은 우리 한 사람 한 사람을 무시하는 것이기 때문이다. 다시 말해 우리의 인격을 무시하는 것이기 때문이다. 교만을 죄로 간주하기 위해 굳이 종교를 들먹일 필요도 없다.

> 교만하고 야비한 사람들은 성공하면 뻔뻔해지고,
> 역경에 처하게 되면 비굴하고 얌전해진다.
>
> 니콜로 마키아벨리

다른 모든 죄와 마찬가지로 교만에도 여러 가지 단계가 있다. 능력이 뛰어나 성공한 사람도 종종 교만하게 보일 때가 있다. 성공 그 자체는 죄가 아니다. 그러나 자신의 성공을 어떻게 나타내 보이느냐 하는 데 따라 죄가 될 수도 있다. 성공한 사람은 죄인이 아니다. 그러나 성공을 남들에게 과시하게 되면 그건 교만으로 죄가 된다.

아르헨티나 철학자 토마스 아브라함은 조금 색다른 의견을 제시한다. "장 주네의 말이 생각난다. '야유를 받으면서도 고개를 쳐든다.' 이것은 교만한 행동이다. 고개를 숙이지 않는 것, 우리가 채권자임과 동시에 채무자이기도 한 겸손함을 무시하는 것, 이건 죄다. 만일 교만이 없다면 인간의 상호이해는 불가능해질 것이다."

내가 너무나도 좋아했던 안토니오 할아버지는 내게 이런 유언을 남기셨다. "다른 사람들 앞에서 절대로 기죽지 말거라! 따질 것은 반드시 따져야 한다!" 나는 할아버지 앞에서 그렇게 하겠다고 다짐했다. 그리고 평생 동안을 내 입을 막으려는 모든 사람들 앞에서 당당하게 내 의견을 표명하며 살아왔다.

나도 이건 인정한다. 나는 건설적인 토론을 아주 즐기는 편이다. 외가 쪽에서 물려받은 덕목인 것 같다. 좋은 의미에서든 나쁜 의미에서든 나는 천성적으로 고집불통이다. 나는 다른 사람들의 이면을 파악하는 능력을 타고난 사람이다. 사람들이 입을 다물고 있어도 그들의 생각을 읽어낼 재주가 있는 것이다. 나는 몇 년 전부터 종교 문제를 교조주의적으로 생각하는 사람들에 대항해 싸워왔다. 이런 사람들은 다른 사람들의 생각을 용납하지 않는다. 마치 말장난을 하듯 다른 사람들의 이성을 비이성으로 간주해버리는 것이다. 다른 사람들의 생각을 자기 마음대로 해석해버린다. 나는 그런 사람들을 용납하지 못한다. 물론 내 자신도 그런 일을 즐기기는 하지만.

토마스 아브라함은 이렇게 말한다. "볼 때마다 울화통이 터지는 교만이 있다. 무식함으로 똘똘 뭉친 교만. 교만은 상당한 대가를 치러야 하는데, 무식한 사람은 그것조차 모른다. 잘난 척 뻐기며 다른 사람들을 무시하는 인간들. 이런 인간들은 다른 사람들에 대해 알아보려고도 하지 않는다. 보통 나는 교만한 사람을 봐도 별로 화가 나지 않는다. 아담이 저지른 죄는 초기 기독교 시대에 아주 큰 죄로 간주되었다. 나는 무정부주의적인 경향이 있는 교만은 아주 높이 평가한다."

골드만은 이렇게 말한다. "교만은 우리에게 이런 믿음을 준다. 우리 인간은 모든 것을 확실하게 알고 싶어 한다. 교만은 우리에게 그런 확신을 가져다준다. 우리는 삶을 살아가는 동안 끊임없이 진리를 추구해야한다. 진리를 발견했다는 확신은 우리를 최고로 교만한 상태로 이끈다. 건전한 사회라면 마땅히 진리를 추구해야 한다. 잘살고 못살고는 중요하지 않다. 진리를 추구하다보면 거짓을 물리칠 수 있는 방법도 배울 수 있다. 진리는 오로지 하나밖에 없다. 그러나 우리 인간은 그 진리에 접근할 수 없다. 유대 전통에 의하면 하느님의 이름을 부를 방법이 없다. 하느님은 입에 담을 수 없는 존재인 것이다. '하느님'이라는 명칭은 우리가 상상한 하느님 모습의 최대근사치일 뿐이다. 진리는 하느님의 여러 명칭 중 하나이다. 하느님의 여러 모습 중 하나인 것이다. 우리는 확실성이라는 도구를 통해 하느님께, 즉 진리에 도달하고자 애쓰는 것이다."

피조물이 하느님께 대항하게 될 때, 피조물로서의 주제를 망각하고 하느님 앞에서 자신의 욕심을 고집할 때 교만이 생긴다. 하지만 하느님은 우리의 욕심에 한계를 그어두셨다. 우리는 하느님을 섬길 것인가 말 것인가를 결정한다. 그래서 하느님의 종이 되지 않겠다고 결심하게 되면 하느님께 반항하게 된다.

인종(민족, 종족)에 따른 교만도 있다. 다른 집단에 대해 알아보려고도 하지 않고 그저 다른 집단이라면 무조건 무시하고 업신여기는 사람들이 있다. 사람들 사이의 차이점을 인정하지 않고, 관습이 다를 수도 있다는 점, 다른 사회집단이 있을 수도 있다는 점을 무시하는 사람들이 있는 것이다. 이런 사람들은 다른 사람들을 업신여기고 배제해버린다. 미개인으로 간주하여 상대도 해주지 않는다. 남을 지배하고 노예로 삼는 것은 바로 이런 태도에서 나온 것이다. '우리'가 아닌 다른 사람들은 모두 다 미개인이요 야만인인 것이다.

아브라함의 말을 들어보자. "선진국 사람들은 제3세계의 독재정권을 아주 쉽게 경멸한다. 제3세계 국민들은 자발적으로 독재에 복종하기 때문에 존중할 필요가 없다고 생각한다. 자신의 나약함을 감추기 위한 교만도 있다. 사람들은 자신의 나약함을 훈장처럼 치장한다. 그러고는 아주 약한 사람들을 영웅적인 행동을 보여주지 않는다는 이유로 업신여긴다. 모든 문명은 몇 가지 죄악, 아니 여러 가지 죄악을 기초로 형성되었다."

역사적으로 유명한 교만의 예를 살펴보자. 나폴레옹 보나파르트는 자신의 권력을 과시하기 위해 교황 피오 7세를 노트르담 사원으로 직접 불러 대관식을 치렀다. 의식이 진행되는 동안 나폴레옹은 손수 왕관을 집어 들어 자신의 머리에 썼다. 의식에 참가한 모든 사람들 앞에서, 심지어 지상의 하느님 대리인 앞에서 자신이 최고임을 드러내 보인 것이다.

> 스스로 매력이 있다고 생각하는 사람은 많지만
> 실제로 매력이 있는 사람은 별로 없다.
> 시몬느 드 보부아르

허영심은 사회에 널리 퍼진 죄이다. 우리 모두는 어느 정도 허영심을 가지고 있다. 일반적으로 자존심이 강한 사람은 다른 사람들에게 의존하지 않는다. 자기 자존심만 지키면 그만이기 때문이다. 그 반면에 허영심이 강한 사람은 다른 사람들의 도움 없이는 살아갈 수 없다. 허영심이 강한 사람은 다른 사람들의 칭찬을 필요로 한다. 하지만 교만한 사람은 다른 사람들의 칭찬을 거절한다. 어느 독자가 자존심이 강한 작가에게 이렇게 말한다고 치자. "선생님, 글을 너무나 잘 쓰세요. 작품이 너무 너무 훌륭해요." 이 말을 들은 작가는 이렇게 생각할 것이다. "이런 제길, 글도 제대로 모르는 주제에. 당신이 내가 쓴 글을 좋아하든 말든 무슨 상관이야!" 그러나 허영심이 강한 작가라면 독자의 입에 발린 소리를 듣고 이렇게 생각할 것이다. "이 친구 글을 알아보는 안목이 있어." 허영심이 강한 작가는 비판적인 독자에게는 빡빡하게 굴지만 아양을 떠는 독자에게는 친절을 베푼다. 허영심이 강한 사람은 다른 사람들과 잘 어울리는 반면, 자존심이 센 사람은 다른 사람들과 잘 어울리지 못한다. 자존심이 센 사람들은 이런 말을 입에 담고 산다. "나 자신에 대한 평가는 오로지 나만 내릴 수 있다."

토마스 아브라함은 이렇게 말한다. "나는 개인적으로 '자존심'이라는 말을 잘 사용하지 않는다. 그 이유는 나 자신도 분명히 모르겠다. 자식 자랑을 늘어놓는 사람, 아르헨티나에서 태어난 것에 자부심을 느끼는 사람, 책을 써서 상을 받아 자랑하는 사람, 나는 이런 사람들을 좋아하지 않는다. 무언가를 얻어 자랑하는 것 같아 보이기 때문이다."

나는 아브라함의 말에 동감한다. 좋은 책을 써서, 혹은 좋은 음악을 작곡해서 사람들이 인정해주면 자부심을 느낄 수 있다. 그러나 어느 정도 한계는 필요하다. 예를 들어보자. "나는 스페인에서 태어난 것을 자랑스럽게 생각한다"라고 말하는 것은 좀 곤란할 것 같다. 이건 마치 허파 두 개와 맹장 하나를 갖고 태어난 것을 자랑스러워하는 것과 같지 않은가.

그건 그렇고, 꾸며낸 겸손함만큼 나를 화나게 만드는 것은 없다. 누군가가 이런 말을 한다. "나는 나 자신을 위해서는 아무것도 원하지 않는다. 내가 요구하는 모든 것은 다 남들을 위한 것이다." 낌새가 좋지 않다. 아무것도 원하지 않는다는 사람을 나는 좀처럼 믿을 수 없다.

> **교만을 이기는 것보다 비난하는 것이 훨씬 쉽다.**
> 프란시스코 데 케베도 이 비예가스

교만은 근본적으로 남들보다 우위에 서려는 욕심에서 나온다. 사람은 자기 자신을 남들보다 뛰어난 인물로 생각할 수 있다. 그건 죄가 아니다. 사실이든 지어낸 얘기든 자신의 공적을 들먹이며 우리를 피곤하게 만들지만 않는다면 말이다. 그러나 어떤 분야에서든 남들의 우위를 인정하지 않는 것, 그건 죄다.

일반적으로 우리는 우리가 인간의 서열상 어느 정도 위치에 있는지 확인하고 인정한다. 그리고 우리보다 더 뛰어난 사람들의 존재를 인정한다. 그러나 교만한 사람은 남들이 앞서가는 꼴을 보지 못한다. 자기 앞에 누군가가 있다는 사실을 참아내지 못한다. 이런 사람들은 자신이 남들보다 뛰어나다는 점을 인정받지 못할까 싶어 애간장을 녹인다. "나는 남들과 달라, 남들보다 훨씬 뛰어나"라는 생각을 항상 달고 살면서도 안달하는 것이다.

　사람들이 최고로 인정해주지 않으면 말할 수 없는 고통을 느낀다. 이런 무식한 놈들 같으니라고! 무지렁이 촌놈들 속에서 고독을 느끼는 것이다. 잔치가 벌어진 곳을 찾아갔는데 테이블 말석으로 안내한다면, 교만한 자는 분통을 터뜨리게 된다. 자기보다 훨씬 못한 놈이 테이블 상석을 차지하고 있기 때문이다. 그러니까 자기 신분에 걸맞지 않는 대접을 받으면 골을 내게 된다. 그러나 보통 사람들은 무슨 음식이 나올지, 이 잔치가 재미있을지 없을지 그런 것에만 신경 쓴다. 지나치게 민감한 사람들, 자기 자신의 평판에 대해 지나치게 민감한 반응을 보이는 사람들이 나를 불편하게 만든다.

　교만한 사람들의 가장 유별난 특징 중 하나는 야유나 조롱을 두려워한다는 것이다. 바나나 껍질을 밟고 자빠져 코가 깨지는 것, 바로 이것이 권위를 뽐내고 공로를 자랑하는 사람들이 가장 두려워하는 것이다. 어처구니없는 상황이야말로 교만이 가장 무서워하는 것이다. 그래서인지 독재자나 권력자들은 유머 감각이 없다. 특히 자신을 겨냥한 우스갯소리는 절대 용납하지 못한다.

　아브라함은 이렇게 덧붙인다. "이런 부류의 인간은 코미디 같은 것이라면 질겁한다. 이런 인간은 사람들이 슬쩍 웃기만 해도 의심한다. 상대방의 미소를 공격으로 받아들이는 것이다. 웃음이 금지된다고 생각해 보라. 그때는 아주 위험한 상황이 벌어질 것이다. 공식적인 비판이나 고발은 항상 심각한 분위기에서 진행된다. 그러나 종종 유머러스한 분위기가 연출되기도 한다. 우리가 사는 세상도 그렇게 팍팍하지만은 않다."

교만은 반민주적인 가치이다. 그리스 사람들은 두각을 나타내거나 다른 사람들 위에 군림하려는 사람들을 오스트라시즘, 즉 도편추방(陶片追放)이라는 제도로 징계했다. 그들은 그런 식으로 시민들 사이의 불평등을 예방했던 것이다. 그리스 사람들은 이렇게 생각했을 것이다. "당신은 정말 최고 중의 최고입니다. 그러나 물러나 주셔야 하겠습니다. 사회의 평등을 파괴하는 뛰어난 인물과는 더불어 살 수 없는 노릇이니 말입니다."

그로부터 한참 세월이 흘러 오늘에 이르렀다. 오늘 우리는 평범함이 인기를 끄는 세상을 살고 있다. '리얼리티 쇼'라는 것을 생각해 보라. 카메라는 평범하게 살아가는 대여섯 명의 사람들을 하루 종일 따라다닌다. 우리는 속옷을 갈아입는 짜릿한 순간도, 계란을 프라이하는 순간도, 서로 욕을 퍼붓는 순간도, 잠을 자는 순간도 엿볼 수 있다. 어느 정도 재미있기는 하다. 셰익스피어의 작품 『리어왕』이 생각난다. 하지만 평범한 것을 왜 이렇게 추켜세우는지 그것은 이해할 수 없다. 그냥 한 편의 영화를 보았다고 여길 뿐이다. 우리 인간은 너나 할 것 없이 다 엇비슷하다. 우리의 일상생활을 뒤돌아보라. 우리도 그들처럼 천박하고 비열하고 아둔한 것이다.

교만은 무시와 동의어이다. 즉 이런 말이다. "우선 나부터,

두 번째도 나, 그리고 세 번째 역시 나." 교만은 아주 간단하게 설명될 수 있다. 상대방을 거칠게 다루거나 학대하는 것, 이것이 바로 교만이다. 빨간불이 켜졌을 때 길을 건너는 행인이 있다면 차로 깔아뭉개도 상관없다. 교만한 사람은 이런 식으로 자신의 우선권을 앞세운다. 자기 사정만 급한 것이다. 돈을 빌리고도 차일피일 미루며 갚지 않는 사람들, 채권자가 아무리 애원해도 귓등으로도 듣지 않는 사람들, 이런 사람들이 바로 교만한 사람인 것이다. 자기 자랑에 급급해 자신이 무슨 일을 하고 있는지도 모르는 사람들도 마찬가지다. 그들은 속으로 이렇게 생각한다. "내가 얼마나 고생했는데." 눈에 띄지 않게 교만을 부리는 사람도 있고, 크든 작든 행동으로 보여주는 사람도 있고, 남들 앞에서 자랑삼아 떠드는 사람도 있다. 그래봤자 욕을 먹거나 거부감을 불러일으킬 뿐이다. 이 세상에는 언제라도 비굴한 자세를 취할 준비를 하고 있는 사람들도 있다. 교만한 사람들은 이런 사람을 만나면 그야말로 제 세상 만난 듯 날뛰게 된다. 가지고 놀기 딱 좋은 노리갯감인 것이다.

아부드는 이렇게 말한다. "교만은 교만한 자에게 치명타를 날릴 수도 있다. 어느 왕에 관한 이야기가 한 편 있다. 왕은 자신의 권위를 과시하기 위해 흠도 없고 점도 없는 완벽한 왕궁을 짓도록 명령했다. 왕은 직접 궁정을 설계했고, 자재도 직접 선택했고, 몸소 공사현장을 감독했다. 공사가 끝나자 왕은 사람들에게 왕궁을 자랑하기 위해 잔치를 베풀었다. 왕은 초대

손님들에게 왕궁에 흠이 있는지 어디 한번 찾아보라고 호언장
담했다. 손님들은 하나같이 칭찬을 늘어놓았다. 그런데 막판에
한 사람이 나타나 왕궁에서 결점을 발견했노라고 왕에게 아뢰
었다. 왕은 벌컥 화를 내며 뭐가 결점인지 말해보라고 윽박질
렀다. 그러자 손님은 이렇게 대답했다. 저승사자가 들어올 수
있는 틈을 다 막지 못하지 않았습니까. 이 상징적인 이야기에
서 말하는 '틈'이란 과연 무엇일까. 당신은 어떻게 생각하는지.
그 틈이란 다름 아닌 현실과의 접촉을 말하는 것은 아닐까. 이
슬람 전통에는 이런 얘기가 있다. '교만한 구석이 조금이라도
있는 자는 천국에 들어가지 못한다.' 우리들 관점에서 보면 이
렇다. 마음속에 교만한 점이 조금이라도 있는 사람은 완벽에
대한 갈망을 좀처럼 만족시킬 수 없다. 교만으로부터 자유로운
인간이 만능인(萬能人)이다. 교만에서 벗어나기 위해서는 과시
적인 가면을 벗어야 한다. 이슬람교의 근본 사상은 하느님께
대한 복종이다. 교만한 자의 생각과는 정반대인 것이다."

　아부드의 말을 계속 들어보자. "종교적으로 교만한 자들과
사귀기는 정말 어렵다. 이런 사람들은 자신들이야말로 하느님
의 사절이라고 주장하며 다른 사람들이 그걸 믿도록 강요한다.
이런 사람들은 모든 것을 자기 자신에게 유리하게 이끈다. 그
들은 자신들이 하느님의 명령을 들을 수 있는 능력이 있으며,
사람들의 일상생활에 그 명령을 적용할 권리가 있다고 주장한
다. 세속적인 문제로 이런 사람들과 토론을 벌이기는 지극히

어렵다. 한쪽이 '주님의 말씀입니다'라고 하면 대화는 그걸로 끝이다. 하느님께 호소할 자격이 없는 사람은 무력감을 느낄 수밖에 없게 된다."

아부드는 또 이렇게 얘기한다. "우리는 하느님의 형상을 상상조차 할 수 없다. 하느님의 형상을 상상한다는 것은 다신교를 믿는 죄를 범하는 것과 같기 때문이다. 마음속으로 하느님의 형상을 상상해보게 되면 그 모습이 수시로 변한다. 진리란 인간이 상상을 통해 눈으로 볼 수 있는 어떤 물질이 아닌 것이다. 그래서 우리 이슬람교도들은 창조에 대해서는 생각해도 창조주에 대해서는 생각하지 않는다. 창조주는 우리 생각이 미치지 못하는 분이시기 때문이다."

자기 자신을 과시하고 다른 사람보다 뛰어나 보이려고 하는 면에 있어서는 교만한 자를 따라갈 수 없다. 그러나 교만한 자들은 일단 추락했다하면 두 번 다시 회복할 수 없는 비극에 빠지게 된다. 예를 들어보자. 성경에는 이렇게 쓰여 있다. 예수 그리스도는 교만한 자들을 거부하고 고상한 자들을 욕보일 것이라고 한다. 왜냐하면 그들은 다른 사람들을 많이 괴롭혔기 때문에 그에 따른 벌을 받아야 하는 것이다. 시합이나 전쟁에서 이기는 것이 무슨 소용인가? 불쌍한 사람을 욕해서 무슨 이득이 있는가? 그런다고 역사에 이름을 남길 수 있단 말인가? 교만한 자는 주변 사람들로부터 도전을 받을까 싶어 노심초사한다. 그래서 자기 주변에 강력한 요새를 세우는 것이다. 소심

하거나 굽실거리는 사람들을 돕는 것은 덕이 아니다. 왜냐하면 이런 사람들은 항상 누군가가 자신들을 혼내주기를 바라고 있기 때문이다.

우리는 교만과 정반대되는 금욕주의에 대해서도 살펴보아야 한다. 로마 황제 마르쿠스 아우렐리우스는 명상록에 이렇게 썼다. "당신을 칭찬하는 사람들을 믿지 말라. 당신에 대해 사람들이 얘기하는 것을 믿지 말라." 이것은 겸손한 태도이긴 하지만, 기독교적인 의미에서의 겸손은 아니다. 금욕주의자들은 겸손하지 않다. 그들은 다만 강해지는 것을 싫어할 뿐이다. 그러나 그들은 칭찬이나 찬사는 그 어느 것이든 거부한다. 그들은 이렇게 말한다. "아침마다 잠에서 깨어날 때 위대한 인물이 되어야겠다는 생각을 하지 말라. 다만 이렇게 생각하라. 오늘도 인간으로서의 의무를 다해야 한다." 바로 이것이다. 인간으로서의 의무를 다하는 것보다 더 중요한 것은 없다.

그렇다면 어떻게 해야 교만으로부터 벗어날 수 있단 말인가? 방법은 너무나 간단하다. 그러나 종종 받아들이기 힘들 때도 있다. 현실주의자가 되면 교만으로부터 벗어날 수 있다. 한편, 지나치게 겸손해도 곤란하다. 정말 그렇다. 지나치게 겸손하게 되면 자기 자신을 무시하게 된다. 이렇게 되면 사회생활을 하는데 곤란을 겪을 수밖에 없다. 아무것도 아닌 나 자신에 대해, 보잘것없는 나 자신에 대해 병적으로 집착하는 사람이 아니라면 엄청난 고통을 당하게 된다. 여기 성 아우구스티누스가 사용한 방법이 있다. 지금도 아주 유용한 방법이다. 성 아우구스티누스는 『고백록』에 이렇게 썼다. "내가 나 자신을 돌아볼 때 나는 아무것도 아니다. 그러나 나 자신을 남들과 비교해보면 나도 꽤 중요한 인물이다." 지극히 현실주의적인 내용이다. 우리가 되고자 하는 존재, 우리의 이상, 우리의 재산 등등을 생각해보자. 우리는 항상 우리의 기대치를 충족시키지 못하고 있다. 그러나 우리 주변을 둘러보면 우리가 처한 상황도 그리 나쁜 편은 아니다. 지나치게 겸손한 것(자기 비하를 포함하여)도 지나치게 교만한 것과 마찬가지로 좋지 않다.

결론을 내려 보자. 교만은 자신이 약하다는 것을 드러내는 것이고, 겸손은 자신이 강하다는 것을 암시하는 것이다. 세상 사람들은 모두 겸손한 사람을 좋아한다. 하지만 교만한 사람은 외톨이로 남는다. 아무것도 아닌 존재로 버려지는 것이다. 교만한 자도 지식을 쌓을 수 있다. 그러나 지혜는 얻지 못한다. 교만한 자는 영악하다. 악마와 같이 영악할 수도 있다. 그러나 교만한 자의 행동 뒤에는 항상 무언가 미진한 것이 남게 마련이다. 교만한 티가 흐르는 그 무엇. 자신의 정체를 폭로하는 그 무엇이.

食貪

지옥의 왕이 작가를 식사에 초대한다

02

지옥의 왕이 작가를 식사에 초대한다

驕慢
貪食
貪慾
忿怒
淫慾
怠慢
嫉妬

사탄: 어떻게 감히 탐식을 비난할 수 있단 말인가? 한도 끝도 없이 먹고 마시는 것이 죄란 말인가? 그게 사람에게 해롭단 말인가? 당신은 그렇게 생각하나?

작가: 몸을 생각해서라도 먹고 마시는 즐거움에 한계를 두어야 합니다. 먹고 마시는 데에도 절도가 필요합니다. 물론 이런 절도를 모르는 사람들은 할 수 없겠지만. 우리는 술에 취하는 것을 좋아하지요. 그러나 건강을 위해서는 조심해야지요. 술에 취한다 해도 정도껏 취해야지요. 술에 취하는 것이 인생의 목표가 되어서는 곤란하지 않겠습니까.

사탄: 그럼 왜 당신은 간단하고 검소한 음식 대신에 유명한 요리사들이 만든 음식을 더 좋아하는 거요?

작가: 좋은 음식을 좋아한다는 것은 도를 지나쳐서 생기는 무질서와는 전혀 다른 겁니다. 요리법에 정통한 예술가들이 즐기는 쾌락은 탐식과는 차원이 다른 얘깁니다. 존경하는 친구, 한 가지만 분명히 하고 넘어가겠소이다. 나는 항상 배꼽시계가 울릴 때마다 어린 시절을 생각하곤 합니다. 내가 어렸을 때에는 안토니오 할아버지가 학교까지 와서 나를 집으로 데려가곤 했어요. 할아버지와 나는 집으로 돌아가는 길에 빵집에 들러 별로 비싸지 않은 빵을 사서 맛있게 나누어 먹곤 했지요.

사탄: 이제 보니 우리 고명하신 작가께서 요란한 잔치보다는 빵 한 조각을 더 좋아한다고 우길 속셈이로구먼!

작가: 이런 세상에! 잔치라는 말이 어디에서 나왔는지 잘 아시는 양반이 그런 말을 하시는 겁니까? 잔치라는 말에는 '공존'이라는 뜻이 담겨있지 않습니까. '다른 사람들과 더불어 살기', '다른 사람들과 나누며 살기'라는 뜻 말입니다. 하기야, 당신은 그 이름부터 잔치와는 정반대되지만 말입니다. '루시퍼'라고 하든, '사이탄'이라고 하든, '사탄'이라고 하든 다 마찬가지지요. 당신 이름은 '반대'를 의미합니다. 당신은 반목을 불러오고, 불화를 조장하고, 끼어들기를 좋아하지요.

사탄: 이런, 이런! 장광설은 집어치우고, 어디 한번 설명해보시오. 확실히 좀 하란 말이지. 탐식은 사람들을 행복하게 만들어주는데, 탐식에 빠지는 게 뭐가 나쁘단 말인지 원.

작가: 필요 이상으로 많이 먹는 것이 나쁘다는 말입니다. 건강에도 좋지 않고 보기에도 꼴불견이지요. 게다가 많이 먹게 되면 다른 사람들이 먹을 것까지 빼앗아 먹을 수도 있단 말입니다.

사탄: 그렇다면, 당신은 사과 한 알로 만족한다는 말이오?

작가: 그런 얘기가 아니지 않습니까. 하기야 먹는 문제도 인간의 자유의사에 따라 달라지겠지요. 누구나 나름대로 사는 방식을 정할 테니까. 사과 한 알과 물 한 모금으로 허기를 달랠 수 있다면, 그것만으로도 만족할 수 있는 일이지……

사탄: 나도 한 마디 합시다. 소식중 환자나 대식중 환자도 천국에 잘만 가던

데…….

작가: 말장난하지 맙시다. 지금 그런 얘기를 하는 게 아니지 않소. 우리는 지금 정신적인 질병에 대해 얘기하고 있는 겁니다. 우리는 지금 전적으로 인간과 관련된 문제를 다루는 거란 말입니다. 이건 인간의 자유 의지와는 상관없습니다. 우리는 지금 선택의 여지가 없는 문제를 다룬단 말입니다. 병에 걸리게 되면 달리 선택의 여지가 없지 않습니까. 병이 시키는 대로 할 뿐이지.

사탄: 좋아요, 그만 합시다. 웬 말이 이렇게 많은지……. 내 친구가 운영하는 레스토랑으로 당신을 초대하겠소. 약속합니다. 우리 그저 적당히 먹도록 하지요 뭐.

2. 탐 식

貪食

> 먹을 것이 많으면 머리가 둔해진다.
>
> 세네카

지나치게 많이 먹고 마시고 싶은 욕구를 탐식이라고 한다. 이것은 죄다. 모든 것을 먹어치우려는 욕구. 요즘처럼 다이어트를 중요시하는 세상에서 탐식의 죄는 우리를 약간 당황하게 만든다. 탐식은 윤리에 어긋날 뿐만 아니라 미모를 가꾸는 데도 좋지 않다. 요즘에는 성직자들보다는 의사들이 탐식(과식)을 더욱더 열심히 비난한다.

내 생각에 탐식은 윤리·도덕과 관련된 문제가 아니라 위생·건강과 관련된 문제 같다. 우리는 우리의 욕구를 어떻게 조절해야 하는가. 만족스러운 삶을 위해서는 어떻게 먹어야 하는

가. 우리는 오로지 먹기 위해 사는 것이 아니다. 그렇다고 오로지 살을 빼는 문제에만 매달려 살 수도 없는 노릇이다. 오늘날 탐식이 문제가 되는 것은 바로 이런 이유 때문이다. 어떤 사람들은 운이 좋아 자기 뜻에 따라 배가 터지게 먹을 수도 있고, 살을 뺀다며 쫄쫄 굶을 수도 있다. 그런 반면 많은 사람들은 최소한도의 먹을 것도 구하지 못해 자식들마저 제대로 먹이지 못하고 있다. 필요 이상으로 많이 먹는 것은 죄다. 탐식은 다른 사람들이 먹을 것을 빼앗아먹는 행위이며, 다른 사람들의 권리와 기대를 해치는 행위이다. 우리가 많이 먹게 되면 다른 사람들은 조금밖에 먹지 못하거나 굶게 된다. 이런 사실을 망각하는 것 역시 심각한 죄가 된다. '잊어먹는 것'도 역시 먹는 것이니까.

> 배고픔이야말로 최고의 양념이다.
>
> 키케로

탐식은 건강에 좋지 않다. 탐식을 한다는 것은 자기 자신의 몸을 제대로 돌보지 않는다는 사실을 드러내는 것이다. 옛날 사람들도 '쿠라 수이(cura sui)', 즉 자기 몸을 돌보는 것을 중요시했다. 단지 건강을 위해서라도 탐식을 경계해야 한다. "적당히 먹어야 한다. 속이 불편할 정도로 많이 먹지 말라." 다른 사람의 것을 빼앗아먹는 것은 아주 심각한 죄다. 다른 사람들의 배고픔을 전혀 고려하지 않고 혼자서만 무지막지하게 먹어대면, 그것이 바로 죄인 것이다.

기독교 신학자들은 이렇게 말한다. 먹는 것은 전혀 죄가 아니다, 음식은 하느님의 선물이다, 피조물인 인간은 종족 보존을 위해 먹어야 한다, 이건 인간의 의무이다. 하지만 오로지 즐기기 위해 물리도록 먹고 마시는 것은 허용되지 않는다.

교회는 아래와 같은 경우 탐식을 죄로 규정한다. 가세가 기울었는데도 탐식을 위해 남의 것을 훔칠 때, 먹는 것을 생의 유일한 목표로 삼을 때, 탐식으로 인하여 음욕과 신성모독과 같은 죄가 파생될 때. 금식일을 준수하지 않거나, 계속 먹기 위해 이미 먹은 것을 억지로 토해 내거나, 자기 자신이나 다른 사람들의 건강에 해를 미치게 될 경우 역시 죄가 된다.

이슬람교에서는 이렇게 가르친다고 한다. 허기진 상태로 식탁에 앉았다가 배고픈 상태로 식탁에서 물러나라. 아부드의 말을 들어보자. "우리는 탐식을 '탐메악(tammeac)'이라는 단어로 표현한다. '욕심쟁이'를 가리키는 말이다. 이 말은 또한 누구보다 식탁에 먼저 도착해 다른 사람들은 고려하지 않고 닥치는 대로 먹는 사람을 가리키기도 한다. 탐식은 이기적인 행위로 교만과 일맥상통한다. 이슬람교에서는 탐식을 질병으로 규정한다. 탐식이라는 병에 걸린 사람은 치료되어야 한다. 금식이 그 치료 방법이다. 라마단 기간 동안에는 모든 사람이 금식에 참여한다. 돈이 많은 사람도, 다른 문화권에 살고 있는 사람도 모두 금식에 참여하는 것이다. 금식은 지위고하를 가리지 않는다. 왕에서부터 말단 시종까지 모두 금식에 참여한다. 나이가 너무 많거나 혹은 너무 어리거나 혹은 병이 든 경우를 제외하고 어느 누구도 금식을 회피할 수 없다. 금식은 아주 유익한 것이다. 금식은 우리의 신앙심을 키워줄 뿐만 아니라 정신 건강상으로도 의학적으로도 유익하다. 그러나 가장 중요한 것은 배고픔을 경험해보는 것이다. 유익한 지식을 체험을 통해 직접 배우는 것이다. 먹을 것이 없을 때 느끼는 허기와 갈증과 고통을 배우는 것이다. 우리는 금식을 통해 여러 가지를 배울 수 있다. 금식을 하게 되면 속이 쓰릴 뿐만 아니라 기분까지 나빠지기 때문이다. 우리는 금식을 통해 탐식과 싸우는 법을 배운다. 우리 이슬람 세계에는 이런 법령이 있다. 라마단 기간 동안 하루를 금식하지 않으면 그 잘못을 평생 지울 수 없게 된다. 금식을 어긴 사람은 그 벌로 60명에게 식사를 대접해야 한다."

아부드는 탐식이 자기 과시욕과 밀접한 관계가 있다고 한다. "우리는 사람들이 음식을 얼마나 많이 먹느냐 하는 것뿐만 아니라 어떤 음식을 어떻게 먹느냐 하는 것도 생각해보아야 한다. 어떤 사람들은 음식을 통해서도 자신을 자랑하려고 한다. 사회의 다른 분야에서와 마찬가지로 사람들은 다른 사람들이 접할 수 없는 희귀하거나 값비싼 음식으로도 자신을 드러내고 싶어 하는 것이다. 탐식은 이제 양의 문제를 벗어났다. 상류 사회 계층은 먹는 것으로도 자신들이 다른 계층과 다르다는 사실을 과시하고 있는 것이다."

아부드의 말을 계속 들어보자. "오늘날 탐식은 단지 음식과 먹는 행위의 문제가 아니다. 오늘날 탐식은 식탁에서 나타나지 않고 슈퍼마켓에서 나타난다. 탐식은 먹을거리뿐만 아니라 모든 상행위를 통해 나타난다."

골드만은 이렇게 말한다. "탐식은 이교도적인 행위이다. 먹는 행위는 문화적인 행위이며 신성한 행위이다. 따라서 탐식은 처벌받아 마땅한 죄가 되는 것이다. 음식은 항상 나누어먹어야 한다. 우리는 다른 사람을 해치지 않는 한도 내에서 우리의 욕구를 충족시켜야 한다. 우리는 삶을 사랑한다. 우리는 삶을 반듯하게 살아가야 한다. 그러기 위해서는 많은 경험이 필요하다. 우리는 새로운 경험을 거부해서는 안 된다."

우리가 진정으로 순수하게 탐식을 즐기려 한다면 다른 사람에게 피해를 주어서는 안 된다. 우리는 우리 개인의 욕구를 채우기만 하면 된다. 영국의 역사학자 토머스 맥컬리는 청교도들이 곰 사냥을 금지한 이유를 이렇게 설명한다. 청교도들은 동물들의 복지를 위해 사냥을 금지한 것이 아니라 사람들이 사냥의 기쁨을 누리지 못하도록 하기 위해 사냥을 금지했다. 우리는 즐기기 위해 음식을 먹어서는 안 되고 단지 에너지를 보충하기 위해 음식을 먹어야 한다. 과연 그럴까. 한 가지가 생각난다. 초대 교회 교부들은 이렇게 설교했다. 먹는다는 것은 죽은 짐승의 사체 조각이나 여러 가지 불결한 것을 우리 몸속으로 집어넣는 것이다.

재미있게도 우리는 사랑을 논할 때에도 탐식과 관련된 표현을 사용한다. 이렇게 얘기하는 사람들이 있는 것이다. "꼭 깨물어주고 싶어. 한 입에 날름 삼키고 싶어." 먹는다는 것은 무언가를 잽싸게 차지한다는 것이다. 다시 말해 완전한 소유를 의미한다.

우리는 별로 효과를 보지 못하면서도 비생산적인 쾌락을 금지하고 있다. 그 단적인 예가 바로 마약을 둘러싼 논쟁이다. 단지 흥분을 위해 마약을 하거나 허가도 받지 않고 마약을 하게 되면 목숨이 위험할 수도 있다. 우리 사회는 그런 짓을 용납하지 않는다. 과다복용으로 인한 사망, 약국을 터는 강도들의 폭력, 강도에 대항하다 죽은 약사, 이 모두가 다 마약 때문에 발생한다. 마약에 취해 현실감각을 잃어버리는 것도 문제이긴 하지만, 보다 큰 문제는 금지 조치 때문에 마약 산업이 한층 더 발전해가며, 그 결과 간통 등 사회 범죄가 끊임없이 발생한다는 점이다. 마약에 취하게 되면 우리는 자제력을 잃고 만다. 마약 사업이 합법화되면 종국에 가서는 카르텔이 형성되고 누구라도 마약을 손에 넣을 수 있게 될 것이다. 한편으로는 금지로 인한 유혹의 힘은 떨어지겠지만 다른 한편으로는 범죄자를 양산해내게 될 것이다.

금지로 인하여 범죄가 양산된 예가 하나 있다. 역사적으로 아주 유명한 사건이다. 미국에서 1920년대에 실시된 '금주법'이 바로 그것이다. 금주법은 고작 알코올 중독자를 양산해냈고, 새로운 범죄 유형을 조장해냈을 뿐이다. 많은 사람들이 질이 나쁜 술을 먹고 죽었고, 조직폭력배들 간의 총격전에 휘말려 죽었다.

탐식과 패스트푸드

골드만은 이렇게 설명한다. "유대교에서는 패스트푸드를 허용하지 않는다. 왜냐하면 먹는 행위는 신성한 행위이기 때문이다. 우리는 먹는 행위를 노동 행위와 마찬가지로 신성하게 여긴다. 음식을 나누어먹는 것은 거룩한 것이다. 서기 70년에 예루살렘 성전이 파괴된 이후로 각 가정이 성전을 대신하게 되었다. 그리고 각 가정의 식탁은 하느님께 제물을 바치는 제단을 상징하게 되었다. '제물'이란 과연 무엇을 말하는가? 제물은 '코르반(korbán)'이라는 단어에서 파생된 말이다. 이 말은 '가까이 있는 것', '인접한 것'을 의미한다. 다시 말해 우리가 식탁에 올려놓는 것은 우리와 가장 가까운 것, 우리가 가장 좋아하는 것이다. 그러니까 우리는 우리가 가장 아끼는 것을 다른 사람과 함께 나눈다. 그러니 식탁이 신성한 자리가 될 수밖에 없다. 바로 이런 이유로 우리는 음식에 신성한 의미를 부여하는 것이다. 단순히 맛으로 먹는 음식 얘기가 아니다. 우리는 지금 사람들이 음식을 어떻게 대하느냐 하는 문제를 다루고 있다. 우리는 음식을 먹을 때 두 가지 의식을 치른다. 음식을 먹기 전에 그리고 먹은 후에 기도를 올린다. 우리는 기도를 올릴때 다음과 같은 사실을 반드시 유념해야 한다. 음식을 마련한사람은 우리 자신이 아니다. 하느님께서 우리에게 음식을 내려주신 것이다. 이것이 가장 기본적인 태도이다. 이런 생각을 품고 있으면 우리의 자만심을 억제할 수 있다. 음식을 마련하는사람은 내가 아니다. 지극히 높으신 존재가 내가 이 세상에서음식을 구할 수 있도록 허락하신 것이다. 우리는 자연 속에서음식을 구한다. 음식에도 문화에 따라 다소 차이가 있겠지만."

골드만은 이렇게 덧붙인다. "유대교에서도 음식과 노동을 구별한다. 음식은 음식이고 노동은 노동이다. 음식과 노동은 나름대로 신성한 것이다."

에피쿠로스학파(쾌락주의)의 아버지 사모스의 에피쿠로스는쾌락을 소리 높여 찬양했다. 에피쿠로스에게 쾌락이란 단지 누군가가 준 치즈 한 조각과 물 한 모금을 마시는 것이었다. 에피쿠로스는 쾌락을 무언가 부족한 것을 적당하게 만족시키는 것이라고 정의했다. 허기나 추위나 성적 욕구로 불만이 고조되었을 때 그것을 달래주는 것이다. 다른 것을 희생시킬 필요는 없다. 에피쿠로스는 번지르르한 음식을 거부하지 않았다. 그러나그런 음식을 구하기 위해 일을 하거나 애를 쓰는 것은 거부했다. 에피쿠로스는 나무에 무성하게 달린 열매만으로도 만족할줄 알았다. 만일 달랑 사과 하나로 허기를 달랠 수 있고, 그 사과를 얻기 위해 다른 것을 희생할 필요가 없다면 나는 사과 하나로 만족할 것이다. 재수 없는 직장상사들의 비위를 맞춰가며, 시간외 근무까지 해가면서 악착같이 돈을 벌어 특별한 음식을 사먹는 것보다는 그쪽이 훨씬 나은 것이다.

필요를 채운다는 것은 항상 즐거운 일이다. 갈증은 강물 한 모금으로도 해소할 수 있다. 그러나 만일 황금으로 만든 잔으로 고급 샴페인을 마시고 싶어 한다면 불쾌한 일을 감수하지 않으면 안 될 것이다. 황금으로 만든 잔에 고급 샴페인을 마시기 위해서는 그만한 돈이 필요할 것이고, 그만한 돈을 벌기 위해서는 그만큼 노력을 해야 할 것이다.

아주 간단한 음식으로도 허기를 달랠 수 있다. 허기를 달래기 위해 고급 레스토랑을 찾아갈 필요는 없다. 그저 생존을 위해서라면 분위기 좋은 레스토랑이나 값비싼 음식 따위는 필요 없다. 우리는 상상으로도 먹고 마실 수 있다. 나는 종종 아주 비싼 크리스털 병에 중저가 위스키를 채워놓곤 한다. 손님이 찾아와 그 위스키를 대접하면 손님은 감개무량한 표정을 짓는다. 세상에서 최고로 좋은 위스키를 맛보는 듯한 표정을 짓는 것이다. 물론 위스키에 정통한 사람들은 속아 넘어가지 않는다. 하지만 우리 대부분은 위스키 전문가가 아닌 것이다. 분명하다. 우리는 다른 무엇보다 외모를 가장 중요하게 여긴다.

음식에 대한 욕구는 사람들마다 다르다. 과거에 어떻게 살았는지에 따라 사람마다 다르게 나타나는 것이다. 나는 요즘도 허기를 느낄 때면 제일 먼저 껍질이 바삭바삭하게 탄 빵을 떠올린다. 최신식 주방에서 조리해낸 고급 음식은 생각조차 나지 않는다.

식탁에 모여 앉아 빵과 음료를 나누는 것은 형제애를 나누는 것이다. 따라서 우리는 많은 사람들이 굶고 있다는 사실을 잊지 말아야 한다. 음식을 다른 사람과 나누는 것보다 더 진한 우애는 없다. 바로 얼마 전까지만 해도 사람들은 누군가를 속여 먹고 나면 이런 생각을 했다. "어떻게 내가 그런 짓을 저지를 수 있었지? 그와 같은 식탁에 앉아 음식을 나눠먹곤 했는데……." 함께 음식을 나누어먹으면 상대방에 대한 이해심도 깊어지게 된다. 음식을 나누는 것은 커다란 슬픔을 나누는 것과 같다. 전염병이 퍼졌을 때 생사고락을 함께 하는 것 말이다. 생사고락을 함께 하면 그만큼 단단하게 맺어지게 되는 것이다.

현대 공동사회에서 잔치는 아주 중요하다. 함께 어울려 음식을 나누면 분위기가 얼마나 좋아지겠는가.

셰익스피어, 뚱보, 갈비씨

셰익스피어의 작품 『줄리어스 시저』를 보자. 바싹 마른 사람들이 얼마나 위험한지 알 수 있다.

시저: 나는 내 주위에 뚱뚱한 사람을 두고 싶어. 얼굴이 반질

반질하고 밤에 잠을 잘 자는 사람들 말이야. 그런데 이 카시오라는 놈은 비쩍 마른 데다 궁기가 흐른단 말이야. 생각이 너무 많아. 이런 놈들은 아주 위험해.

안토니오: 두려워할 필요 없습니다, 각하. 그 사람은 위험하지 않습니다. 명문가 출신 로마 귀족입니다.

시저: 살만 조금 더 찐다면 괜찮을 텐데. 하지만 말이야, 내 이름이 무서움을 많이 타게 생겨서 그런지, 저 말라깽이 카시오 놈은 정말이지 너무 싫어. 책도 많이 읽고, 관찰력은 또 어찌 그리 좋은지. 인간사를 훤히 꿰고 있단 말이지. 놈은 노는 것도 좋아하지 않아. 안토니오 자네처럼 말이야. 음악도 듣지 않고, 잘 웃지도 않아요. 자기 자신을 비웃는 듯한 표정으로 웃을 뿐이야. 웃으면 큰일이라도 날 것 같이 군단 말이지. 저런 인간들은 자기보다 높은 사람을 쳐다볼 때는 절대로 마음의 안정을 찾지 못해. 그래서 아주 위험하단 말이야. 자네도 조심해야 해. 나보다 훨씬 더 조심해야 할 거야. 나는 시저니까.

그렇다면 살을 찌우고 항상 생글생글 웃으며 다녀야 할 것인가.

먹는다는 것은 삶을 받아들인다는 것이다. 하지만 배가 터져 죽을 만큼 많이 먹어서는 곤란하다. 음식은 우리의 허기를 달래주는 기능을 한다. 그러나 우리는 그런 생물학적인 단계를 이미 뛰어넘었다. 우리는 단백질을 많이 섭취하지 않으면서도 음식이 주는 즐거움을 누릴 수 있다. 음식을 먹은 뒤 억지로 토해내는 로마 사람들을 생각해 보라. 그들은 조금 전에 먹었던 음식을 모조리 토해냈다. 위장을 비우고 새로운 음식을 먹기 위해서 그랬던 것이다.

오늘날 음식은 대단한 예술가들을 많이 생산해냈다. 이 사람들도 대부분의 화가와 음악가들처럼 이해하기가 어렵다. 유행의 첨단을 걷는 요리사들. 이들이 만들어내는 음식의 형태, 색, 구성, 맛은 실로 혁신적인 것이다. 멀리 갈 필요도 없다. 카탈루냐 출신 식당 주인 페란 아드리아는 음식업계의 몬드리안이라고 할 수 있다. 그 역시 천재적인 예술가인 것이다.

경제적으로 안정을 누리는 나라들은 많은 음식을 차려놓고 즐기는 축제일을 바꾸어버렸다. 예전에는 크리스마스나 결혼식 때 풍성한 음식을 즐겼다. 축제일들은 나름대로의 특징이 있었지만 이제는 그런 특징을 찾아볼 수 없다. 30년 전까지만 해도 스페인에서는 쇠고기 허리살이나 등심살 같은 것은 1년에 며칠밖에 먹지 못했다. 그러나 오늘날에는 마음만 먹으면 아무 때나 질리도록 먹을 수 있다. 예전에는 고기 먹기가 하늘의 별 따기였다. 요즘에는 인구가 많이 늘어나기는 했지만, 특별한 사료와 새로운 사육법이 개발되면서 우리가 먹을 수 있는 소의 수는 더 많이 증가했다. 예전에는 고관대작만이 한 가지 여물로 소를 몇 마리 키워 잡아먹었다. 그러나 오늘날에는 누구라도 쇠고기를 먹을 수 있게 되었다. 상대적으로 검소하게 살았던 우리 조상과는 너무나 다르다. 우리 조상들은 보통 곡류와

채소를 주식으로 삼았다. 운이 좋으면 살코기가 조금 붙은 조그마한 뼈다귀를 하나 넣어 맛을 더했을 뿐이다.

영국 작가 앤소니 버지스에 의하면 서구의 음식을 살펴보면 지구가 어떻게 진화해왔는지 알 수 있다고 한다. 먼저 수프가 나온다. 모든 생명체는 먼저 물속에서 생성되었다. 그 다음에는 물고기나 조류가 등장한다. 그 다음에 포유류의 살코기가 이어진다. 그런 다음 치즈와 보기에도 요란한 후식이 대미를 장식한다. 이 후식은 바로 지구에 최후로 도착한 예술과 문화, 즉 인류를 가리킨다. 지구의 역사를 식탁 위에서 볼 수 있는 것이다.

> 포도주가 좋은 이유는 몇 시간 동안 골치 아픈 문제를
> 잊을 수 있게 해준다는 것이다.
> 페드로 루이스

포도주. 우리 인류는 태초부터 포도주를 연구하고, 찬양하고 혹은 거부해왔다. 모든 문화권에서 그랬다. 우리는 '인 비노, 베리타스(in vino, veritas)'라는 라틴어 경구를 기억한다. 포도주를 통해서만 진리를 알 수 있다는 뜻이다. 하지만 대체 포도주가 어떤 진리를 보여준단 말인가? 아주 간단하다. 포도주를 사랑하는 사람은 진리를 사랑하는 사람이다. 이런 사람들은 마음으로, 이성으로 거짓을 물리친다. 물론 입으로도 거짓을

물리친다. 덴마크의 철학자 키에르케고르는 이렇게 역설했다. "포도주는 진리의 수호자이다. 어쩌면 진리는 포도주에 대한 찬양인지도 모른다."

단식, 탐식의 또 다른 얼굴

심미적인 면에서 또 건강상의 이유로 탐식은 죄가 된다. 이 죄에 대해 전 세계적인 음모가 진행 중이다. 부자라고 해서 탐식에 빠지는 것도 아니고, 또 바싹 말랐다고 해서 이 죄에서 벗어난 것은 아니다.

사람들은 탐식을 음탕한 것으로 보지 않는다. 뚱뚱한 사람들은 윤리적인 면에서가 아니라 심미적인 면에서 욕을 먹는다.

그 비극적인 결과 중의 하나가 바로 식욕을 잃는 것이다. 살이 찌는 것을 지나치게 두려워하게 되면 식욕을 잃게 된다. 거식증에 걸린 사람은 자신이 아무리 말랐고 또 주변 사람들이 그렇다고 얘기해도 자신을 뚱뚱하다고 생각한다. 한편 대식증(大食症)은 함부로 일관성 없이 음식을 섭취하는 결과를 가져온다. 먹고 싶을 때는 한없이 먹고, 또 다이어트가 걱정되면 한없이 굶는다. 먹을 때도 있지만, 토하고 소화제나 이뇨제를 과량 복용하기도 하는 것이다. 우리는 지금 너무나 지나친 상황에 놓여 있다. 탐식이나 굶주림이 문제가 아니다. 그와는 다른 문제가 발생한 것이다.

이는 전적으로 인간하고만 관련된 문제다. 거식증에 걸린 동물은 상상조차 할 수 없다. 거식증은 정신병의 일종이다. 동물들은 대개 생명의 주기가 다하게 되면 먹기를 거부한다. 동물들은 먹기를 거부하는 순간 죽음에 이르는 것이다. 암컷 오징어의 삶은 실로 비극적이다. 암컷 오징어는 산란을 하고 나면 성욕과 식욕을 모두 잃어버리고 오로지 알을 보살피는 일에만 전념하다가 새끼 오징어들이 제 모습을 드러내면 죽는다. 이는 해부실험으로 입증된 사실이다. 암컷 오징어에서 그러한 메커니즘을 담당하는 기능을 제거한 결과로 알 수 있었던 것이다. 수술을 받은 암컷 오징어는 알을 낳고 나서도 수컷 오징어들을 줄기차게 쫓아다니며 왕성한 식욕을 과시했다. 그러나 알은 전혀 돌보지 않았다. 그래서 새끼 오징어들은 빛을 볼 수 없었다. 종의 번식에 위배되는 행위를 저지른 것이다.

생물학 전문용어로 세멜파로스(semélparos)라고 불리는 동물이 있다. 연어와 몇몇 종류의 송어는 산란 후 즉시 생을 마감한다.

반면에 우리 인간은 자식을 낳은 후에도 자식을 돌보고, 음식을 먹고, 사랑을 나눈다. 아무것도 포기하지 않는다. 우리에게는 암컷 오징어에게서 찾아볼 수 있는 덕스럽고 헌신적인 어머니의 모습이 없는 것이다.

慢食
驕貪
貪慾
怒慾慢妒
忿淫怠嫉
嫉

사탄이 작가에게 끊임없이 긁어모으는 미덕에 대해 설명한다

03

사탄이 작가에게 끊임없이 긁어모으는 미덕에 대해 설명한다

사탄 : 한 가지 물어봅시다. 당신들 작가들 말인데, 대체 당신들이 하는 일이 뭐요? 설교를 통해 남들을 가르치는 거요? 수업을 하면 학생들이나 청중들이 틀림없이 당신에게 돈을 많이 갖다 바칠 것 같은데. 그런데 오늘은 힘들여 일을 하고 있네. 보아하니 탐욕의 긍정적인 면과 그로 인한 이득을 전혀 이해 못하는 것 같은데. 당신은 탐욕에 대해 좋지 않게 생각하지요?

작가 : 또 문제를 복잡하게 만드시는군. 먼저, 탐욕과 저축은 전혀 다른 문제입니다. 둘째, 나는 잘 살고 있고 또 행복합니다. 욕심을 부릴 필요가 없어요. 게다가 나는 억세게 운이 좋아 내 직업을 즐기고 있어요. 물론 내 직업을 통해 돈도 벌지요. 그런데 무슨 이유로 내가 후회하겠습니까.

사탄 : 그래요. 이제 보니 자부심이 아주 대단한 양반이로구먼. 하지만 이건 인정해야 할 거요. 돈을 쓰지 않고 모으는 사람들은 다 자식이나 손자들에게 그 돈을 남겨주기 위해 그러는 거요. 이타적인 생각에서 그러는 거란 말이지. 이기심에서 자기 혼자 좋아서 그러는 것이 아니란 말씀이지.

작가 : 자식들에게 책이나 예술품이나 좋은 추억을 남겨주는 것은 물론 좋습니다. 원수까지 남겨주는 것도 좋습니다. 그러나 돈을 물려주는 것은 좋지 않아요. 그건 야비한 짓입니다. 그런 사람들은 욕을 먹어도 쌉니다.

사탄 : 이런, 이런! 좋습니다, 좋아요. 그냥 쓰고 봅시다! 허랑 방탕 마구 씁시다! 물 쓰듯 마구 뿌립시다!

작가 : 언제나 이렇게 극단적으로 나온다니까. 나도 인정합니다. 우리는 지금 소비와 낭비를 부추기는 사회에서 살고 있습니다. 이런 사회 시스템에서는 탐욕을 좋지 않게 여깁니다. 돈의 흐름을 가로막는 방해물로 여기지요. 우리 한번 터놓고 얘기해봅시다. 사탄 양반, 오늘날 욕심쟁이는 남들에게 또 자기 자신에게 감추기 위해 양말 속에 돈을 넣어두는 그런 사람이 아닙니다. 전 세계 인구의 10퍼센트가 이 세상의 에너지 자원을 독점적으로 사용하고 있습니다. 나머지 사람들은 그 에너지 자원의 1000분의 1도 차지하지 못합니다. 오늘날에는 이런 것을 탐욕이라고 부릅니다. 자연 자원조차 욕심꾸러기처럼 독점하고 있단 말입니다.

사탄 : 욕심꾸러기처럼 독점하다…… 비양심적인 사람들이 모두 써버리지 못하도록 조심해야겠지요. 철학자 양반, 우리는 미래를 생각해야 합니다.

작가 : 그렇습니다, 맞는 말입니다. 전적으로 옳아요. 그러나 미래를 위해 인색하게 굴다보면 현재를 망치게 됩니다. 욕심쟁이들은 절대로 제대로 된 삶을 살지 못합니다. 항상 그 문턱에 걸터앉아 있습니다. 혹시 이런 얘기 들어보셨는지. "그래 지금은 판잣집에서 산다. 그래 지금은 가난뱅이처럼 산다. 그러나 바로 옆방에는 지폐뭉치가 천장까지 쌓여있다.

아무도 모를 것이다. 언젠가는 나도 이 돈으로 떵떵거리며 살게 될 것이다. 하고 싶은 일은 다 하며 살 것이다." 그러나 이 사람은 아무것도 할 수 없을 겁니다. 판잣집에 갇혀 가진 돈으로 무슨 일을 할까 궁리질만 하다가 죽고 말 겁니다. 그 돈에는 감히 손도 대지 못할 겁니다.

사탄 : 하지만 당신은 항상 이렇게 주장하지 않았소. 인간에게 있어서 가장 중요한 것은 자유의지와 그 자유의지에서 나오는 결정을 지켜내는 것이라고. 아니 사람이 상자 가득 돈을 모으는 것이 뭐가 나쁘단 말이오? 돈을 쓰지 않는 것이 뭐가 잘못이란 말이오? 남에게 해를 끼치는 것도 아닌데.

작가 : 그건 아닙니다. 일부러 헷갈리게 하지 마시오. 돈은 사회적 재산입니다. 돈은 돌고 돌아야 합니다. 이건 아주 중요합니다. 그러나 욕심쟁이는 이걸 인정하지 않습니다. 돈이 돌아야 사회도 제대로 돌아가게 됩니다. 돈이 있어야 사회 내에서의 관계가 형성됩니다. 그러나 욕심쟁이는 이 돈을 혼자서만 차지하려고 합니다. 그러다 보면 사회에서 고립될 수밖에 없습니다. 바로 이런 식입니다. "돈을 모아 혼자서 꽁꽁 숨어 살아갈 것이다."

사탄 : 좋습니다. 한번 시험해봅시다. 금고로 가서 돈을 한 움큼 가져오리다. 내가 필요할까 싶어 차곡차곡 모아둔 돈이요. 사람들이 돈을 쓰면서, 당신 표현대로라면 돈을 굴리면서, 어떻게 즐기는지 한번 보아야겠소.

3. 탐 욕

> 물은 갈증을 해소시켜준다. 빵은 허기를 채워준다.
> 그러나 탐욕은 황금으로도 달랠 수 없다.
>
> **플루타르크**

삶의 목표가 백만장자가 되는 것이다? 이는 그 어느 누구에게도 바람직한 것이 아니다. 하지만 그렇다고 죄가 되는 것도 아니다. 부자들이 어떻게 살을 찌우고 성장해 가는지 살펴보기만 하면 된다. 부자들은 이렇게 말한다. "내 일은 돈을 버는 것이다. 보다 많이 버는 사람이 보다 영리한 사람이다. 돈을 더 많이 벌기 위해서는 속임수를 써야 한다. 바르게 살아야 무슨 소용이란 말인가?"

내가 어렸을 적에는 '페어플레이'라는 것이 있었다. 남부끄

럽지 않게 행동하기. 우리는 사회 질서를 지켜야 했고 한도를 넘지 않아야 했다. 그런데 이런 삶의 자세가 오늘날에는 사라 져버렸다.

옛날, 근검절약이 미덕으로 여겨지던 사회에서도 탐욕은 죄로 간주되었다. 가족에 대한 책임의식이 있는 깍쟁이와 '돈을 헤프게 쓰는 사람'은 확실히 구별된다. 탐욕스러운 자는 해괴할 정도로 근검절약에 집착하는 사람이다. 탐욕스러운 자는 사랑하는 가족도 자기 자신도 돌보지 않는다. 이런 자의 유일한 관심사는 오로지 돈을 긁어모으는 것이다. 쓰지도 않을 돈을 말이다. 탐욕스러운 자의 특징 중 하나는 돈을 무용지물로 만들어버린다는 것이다. 돈은 돌도 돌아야 하는데 그걸 꽁꽁 묶어놓는 것이다. 돌고 돌아야 유용한 것을 아무짝에도 쓸모없는 것으로 만들어버리는 것이다.

반면에 우리 사회는 소비와 낭비를 부추긴다. 이 사회는 돈의 흐름을 가로막는 것을 파괴적인 행위로 간주하는 것이다.

아부드의 말을 들어보자. "우리는 단지 돈을 긁어모으는 일에 있어서뿐만 아니라 거래에 있어서도 친밀한 사람과의 관계에 있어서도 인색하게 굴 수 있다. 그리고 지나치게 관대한 사람은 얼간이 취급을 당할 수도 있다. 어느 쪽이든 지나치면 문제가 된다. 요즘 세상에는 역설적인 문제들이 많이 발생한다. 돈을 긁어모으게 되면 돈이 유통되지 않아 돈이 없는 사람들이 피해를 입게 된다. 이론적으로 따지면 그 반대가 되어야 할 것이다. 그러나 그 반대가 되면 돈을 움켜쥐고 있는 사람들이 피해를 입게 된다."

탐욕은 수많은 걸작을 탄생시켰다. 몰리에르의 『수전노』같은 작품을 말이다. 여기서 몰리에르는 돈을 위해 자기 영혼까지 팔아먹는 사람을 그리고 있다. 탐욕이 아주 생생하게 묘사된 작품이다. 고차원의 유머와 세련된 풍자가 곁들인 작품이다. 작가는 이 작품에서 상식에 의존한다. 작가는 현실을 솔직하게 받아들인다. 작가는 그 어느 것이든 도를 지나치는 것은 건전한 사회생활에 방해가 된다는 점을 부각시킨다.

> 이 세상은 우리 모두의 욕구를 충분히 채워줄 수 있다.
> 그러나 몇몇 사람의 탐욕을 채우기에 이 세상은 부족한 것이 너무 많다.
> 마하트마 간디

고리대금업으로 폭리를 취하는 것도 탐욕의 일면이다. 폭리는 전통적으로 비난의 대상이었다. 돈을 굴려 더 많은 돈을 버는 사람들을 우리는 고리대금업자라고 부른다. 그러나 상황에 따라 고리대금업이 허용되기도 한다. 은행에서 돈을 융자하거나 신용카드를 사용하거나 하는 경우이다. 우리는 지금 국제적인 고리대금업자들의 손에 놀아나고 있는 실정이다. 그들은 우리 돈을 이용해 돈을 벌고 있는 것이다. 이런 경우는 자주 있다. 월요일에 은행에 수표를 제시하면 이런저런 핑계를 대며

겨우 금요일에 가서야 현금을 지불한다. 은행이 아무리 시간을 끌어도 우리는 속수무책으로 기다릴 수밖에 없다.

　이 문제와 관련해 아주 유명했던 역사적인 사건이 하나 있다. 프랑스의 미남왕 필립 4세와 성당기사단과의 대결이 그것이다. 이 기사단은 예루살렘에서 소규모 부대로 시작되었다. 그들의 임무는 제1차 십자군원정 이후로 팔레스타인 지역을 방문하는 순례자들을 보호하는 것이었다. 세월이 흐름에 따라 이 기사단은 유럽에서 팔레스타인 지역으로 보내오는 돈과 물자를 관리하는 시스템을 확고하게 구축했다. 그들은 효율적인 은행 업무를 발전시켰으며, 그로 인하여 귀족과 왕들의 신용을 얻을 수 있었다. 그들은 그런 식으로 거대한 부를 축적했다. 그들 주변에는 사업실패로 인하여 빚을 갚을 수 없는 수많은 채무자들이 생겨났다. 그런데 1307년에 그들 채무자들 중 한 명인 프랑스의 필립 왕이 교황 클레멘트 5세와 힘을 합하여 프랑스 출신 기사단 고위 인사인 자크 드 몰리와 그의 주요 심복들을 체포하고 말았다. 체포된 사람들은 사탄과 관계를 맺고 신성을 모독했다는 혐의를 받았다. 체포된 사람들은 대부분 고문을 받고 화형에 처해졌다. 그 후로 교황은 성당기사단을 해산하고 그들의 재산을 성당기사단과는 철천지원수였던 자애기사단(Caballeros Hospitalarios)에게 넘겨주었다. 그러나 성당기사단의 대부분의 재산은 프랑스 왕과 그의 공모자인 영국의 에드워드 2세가 차지했다.

채무자들이 빚을 청산하는 대신 채권자들을 청산한 경우이다. 권력과 부가 충돌한 유명한 일화이다.

이상하게도 가톨릭은 고리대금업에 대해 엄격했을 뿐만 아니라 상업과 돈에 대해서도 대체로 엄격했다. 그와 반면에 권력과 영광과 군사적 승리에 대해서는 호의를 베풀었다. 가톨릭의 중요한 비전 중 하나는 바로 전사(戰士)의 모습이다. 세상을 위해 싸우는 투사. 가브리엘 천사는 하늘 군대의 대장인 것이다. 그러나 신교도들은 이와 정반대였다. 신교도들은 돈과 상업과 사업을 쌍수를 들고 환영했다. 그들은 위대한 장군의 영광 따위는 거들떠보지도 않았다.

페루 작가 하이메 바일리의 말을 들어보자. "번영을 구가하는 나라는, 부정부패가 사라지고 악이 줄어든 나라는 사람들이 자신의 가장 사사로운 희망을, 인색함을 포함하여 가장 이기적인 꿈을 충분히 만족시킬 수 있는 그런 나라일 것이다. 나는 이기주의가 진보의, 번영의, 위대한 이상의 원동력이라고 생각한다."

무히카는 이렇게 말한다. "우리의 피 속에는 이득을 얻으려는 욕구가, 실리를 추구하려는 성향이 흐르고 있다. 모든 철학은 어떻게 살아야 하는지 또는 어떻게 죽어야 하는지를 가르치기 위해 생겨났다. 죽고 사는 것은 별개의 문제가 아니었다. 우리는 삶의 자세를 가르쳐주는 전통을 잃어버렸다. 우리는 오로지 존재하는 방법만 배우고 있을 뿐이다. 중요한 것은 균형을 찾는 것이다. 균형을 찾으려는 그 노력 자체만으로도 충분할 것이다. 우리는 지금 돈이 있어야 체면이 서는 그런 시대를 살고 있다. 예전에는 돈이 있는 사람들은 사회적인 책임을 함께 져야했다. 사도 도마는 사유재산을 타인에 대한 빚이라고 규정했다. 오늘날 부자가 되는 것은 좋은 일이다. 부자라고 해서 욕을 먹을 이유가 없다. 학식이 없다고 해서 부자가 되지 말라는 법도 없다. 사회 계급은 사라져버렸다. 이제는 누가 많이 소비하느냐가 문제다. 돈이 우리 사회의 중심을 차지했다. 권력은 돈에서 나온다. 돈과 실용주의가 우세를 떨치는 앵글로색슨 문화가 지금 우리 사회를 지배하고 있다. 수전노는 돈을 긁어모아야 안심한다. 그래서 자신의 안전을 지키기 위해 돈을 쓰지 않는다. 고리대금업은 범죄행위다. 고리대금업은 다른 사람들을 비참하게 만들고 허기지게 만든다. 하지만 그런 개인적인 행위를 어떻게 규제한단 말인가? 대기업들이 합법적인 제도에 힘입어 자유자재로 고리대금업을 벌리고 있는 마당에 말이다. 예전에는 용기와 정직함이 영광을 누렸지만 오늘날에는 돈이 많은 사람들이 영광을 누린다. 요즘 사회가 찬양하는 거짓된 영웅들은 자본과 경제력을 가진 자들이다. 예전에는 부자들이 자신의 부를 부끄러워하며 감추었지만 요즘은 부자인 것을 드러내놓고 자랑한다. 예전에는 상상도 못할 일들이 요즘에는 버젓이 행해지고 있는 것이다. 화폐는 지금 사라질 운명에 놓여 있다. 오늘날 모든 거래는 사이버공간에서 행해진다. 부자도 가난한 사람도 컴퓨터라는 가상의 공간 속에 존재하는 것이다. 요즘에는 흥미로운 은행습격 같은 소식을 접할 수 없다. 은행에 돈이 없기 때문에 더 이상 은행을 털지 않는 것이다."

그럼에도 불구하고 하이메 바일리는 구두쇠를 옹호한다. "나는 이렇게 생각한다. 구두쇠들에게서 뭔가를 얻어먹으려다 실패한 사람들이 구두쇠를 욕하는 것 같다. 구두쇠들이 양심의 가책을 느끼거나 자기 자신을 꾸짖을 것 같지는 않다."

고리대금, 은행, 종교

삶을 즐기는 사람들과는 달리 구두쇠들은 돈을 신으로 모신다. 예를 들어보자. 색을 밝히는 남자는 돈을 원하지 않는다. 그는 여자를 원한다. 물론 돈은 여자를 구할 수 있는 수단이기는 하다. 그러나 구두쇠는 그저 돈만 중요하게 여길 뿐 그 돈으로 무엇을 할 수 있는지 하는 것은 중요하게 생각하지 않는다. 구두쇠는 수중에 돈이 있다는 그 자체만으로 행복해하는 것이다.

아부드는 이렇게 말한다. "이슬람 사회에서는 고리대금업을 엄격하게 금지한다. 돈을 빌려주고 이자를 받아먹는 짓은 결코 용납되지 않는다. 고리대금업을 일종의 상행위로 간주하는 사람들은 하느님의 말씀을 거역하는 자들이다. 고리대금업으로 돈을 버는 자는 악마의 꼬임에 빠진 자와 같기 때문이다. 그러나 요즘 세상은 고리대금업이 판을 치는 세상이다. 우리는 점점 이 세상에 길들여져 가고 있다. 요즘에는 고리대금업을 해도 처벌받지 않는다."

아부드의 말을 계속 들어보자. "나는 탐욕과 돈의 무용성 사이에 밀접한 관계가 있다고 생각한다. 요즘에는 지하자원의 관리 문제와 부자들의 욕심 때문에 많은 분쟁이 야기되고 있다. 모든 것을 '힘의 논리'로 밀어붙이는 것이다. 미국이 이라크를 침공한 이유가 과연 무엇이겠는가! 이라크 사람들이 사담 후세인을 지지하느냐 지지하지 않느냐 하는 문제는 별개의 것이다. 사담 후세인은 독재자였고 폭군이었다. 미국의 목적은 분명했다. 석유자원을 차지하기 위해 게걸스럽게 달려들었던 것이다. 문명 간의 충돌이라는 구실을 붙여가면서까지 말이다. 처음부터 미국의 의도는 문명하게 드러났다. 남의 재산을 가로채는 것, 그 이상도 그 이하도 아니었다."

우리는 이런 점을 명심해야 한다. 돈이 아무리 많아도 구할 수 없는 것이 있기 마련이다. 하루에 세끼 식사를 하고, 합법적인 한도 내에서 사랑을 나누고, 세계적인 명승지를 몇 군데 둘러보고, 건강이 좋고 하면 그만이지 무엇을 더 바랄 수 있단 말인가. 시를 쓸 수도 있고, 아름다운 음악을 감상할 수도 있고, 소설을 쓸 수도 있을 것이다. 그것으로 충분하지 않단 말인가.

물질을 통해 얻을 수 있는 행복은 그 범위가 한정되어 있는 것이다. 우리 모두는 알고 있다. 우리가 얻을 수 있는 것은 그 수가 정해져 있다. 그러나 돈은 그와 다르다. 돈에 대한 욕심은 한이 없는 것이다. 지갑에 돈이 좀 있다고 생각해보자. 그 돈으로 얻을 수 있는 것이 무궁무진해 보일 것이다. 그러나 일단 욕구를 채웠다 하면 실망하고 만다.

아부드의 말을 들어보자. "이슬람교에서는 조화와 균형을 중요시한다. 우리는 세상이 우리에게 제공하는 것을, 세상 속에서 우리가 누릴 수 있는 것을 이용해야 한다. 하지만 우리는 종교가 우리에게 일깨워주는 점을 잊어서는 안 된다. 우리 몸이 죽고 나서 우리가 살게 될 내세(來世)를 항상 유념해야 한다. 이런 질문도 가능할 것이다. 어떻게 해야 세속적인 내 욕구를 만족시키면서 그와 동시에 이웃도 돌봐주고 내 영혼의 운명도 보호할 수 있단 말인가? 그러기 위해서는 극단으로 치닫지 않도록 조심해야 한다. 지고지순한 존재를 믿는 종교도 있고 돈을 숭배하는 종교도 있다. 돈을 섬기는 종교. 이 종교의 신자들은 달러화를 마치 신처럼 숭배한다. 이런 사람들에게 안정과 평화를 가져다주는 것은 은행에 넣어둔 돈과 주식에 투자한 돈뿐이다. 그래도 우리가 인정해야 할 것이 하나 있다. 과거의 구두쇠들이 궤짝 안에 그저 돈을 모으기만 했다면, 오늘날의 구두쇠들은 아주 열심히 공부하고 있다는 점이다. 오늘날에는 재산을 늘리는 방법에 정통하지 않으면 돈을 불릴 수 없다. 채권, 부동

산, 예술품 등이 돈을 불릴 수 있는 유용한 수단이다. 돈은 아무것도 아닐 수 있지만 모든 것이 될 수도 있다. 돈이 있으면 회사를 소유할 수도 있고, 친구나 애인을 사귈 수도 있고, 재산을 바탕으로 안락한 삶을 누릴 수도 있다."

아부드는 또 이렇게 말한다. "삶을 살아가는데 있어서 가장 중요한 것은 균형을 찾는 일이다. 이런 이유로 우리 이슬람교도들은 은둔생활을 반기지 않는다. 자기 자신까지 포함해 모든 것을 버리고 떠나는 사람은 우리 사회에서 환영받지 못한다. 이유야 어떻든 모든 것을 버린 사람은 사회생활에서 실패한 사람이다. 이슬람교에서는 큰 피해를 입힌 일이나 적은 피해를 입힌 일이나 모두 같은 것으로 간주한다. 청빈 서원을 한다는 것은 과연 무슨 의미인가? 가족을 돌보지 않겠다는 뜻이란 말인가? 인간은 일을 하고, 부지런히 삶을 살고, 자신의 가능성을 개발하고, 자기 자신을 찾아야 한다. 그래야 하느님을 만날 수 있다. 지식을 쌓고 덕을 함양하는 것도 하나의 방법이 될 수 있다. 이웃에게 너그러운 사람은 자기 자신에게도 너그러운 법이다. 그러나 거기에도 한계가 있기 마련이다. 기도는 좋다. 그렇다고 하루 스물네 시간 기도에만 매달려 있으면 좋지 않다. 그러다 보면 인간으로서 맡은 또 다른 의무를 다하지 못하게 될 테니까."

골드만은 이렇게 설명한다. "유대 전통에는 청빈 서원이 존재하지 않는다. 그러나 재산을 모으는데 있어서 한도를 지키겠다는 서원은 존재한다. 가진 것으로 만족하고 필요 이상으로 욕심을 부리지 않겠다는 약속이다. 자신이 하는 일과 자신이 가진 것에 만족하면 성숙한 경지에 이른 것이다. 우리는 우리 자신이 심고 가꾼 나무에서 얻은 열매로 만족할 수 있다. 그와 반면에 지나치게 욕심을 부려 과일을 먹지 않고 모으려고만 든다면 그 과일은 결국 썩어 비틀어지고 말 것이다. 우리는 구약 성경 열왕기 편에서 교훈적인 이야기를 한 편 찾아볼 수 있다. 열왕기상 1장은 다윗 왕의 노년기를 다룬다. 그런데 바로 이어지는 2장은 다윗의 죽음으로 시작된다. 우리에게 주는 교훈은 무엇인가? 왕이라 할지라도 일단 죽으면 끝이라는 것이다. 다윗은 살아생전에야 자신의 지위를 누릴 수 있었다. 참고할만한 내용이다. 우리는 죽으면 끝이라는 사실을 항상 염두에 두고 있어야 한다. 생전에 아끼느라 그저 모아두기만 했던 것을 무덤 속으로 가져갈 수 있단 말인가? 절대 그럴 수 없다."

골드만의 설명을 계속 들어보자. "성경은 고리대금업을 죄로 간주한다. 그리고 우리 유대 전통에는 고행에 대한 관념도 없다. 우리는 인생을 즐겨야 한다. 그러나 다른 사람들을 희생시켜서는, 다른 사람들의 머리를 짓밟아서는 안 된다. 유대교에서는 모든 것이 정확하게 규정되어 있다. 돈을 빌려주고 이자를 받는 것은 허용된다. 그러나 그 이자가 통상 시장의 시세보다 터무니없이 높으면 허용되지 않는다. 가난한 사람들을 위해 소득의 십일조를 내놓지 않는 사람도 죄인으로 간주된다. 유대인들은 전통적으로 사회정의를 실현하기 위해 부단한 노력을 기울여왔다. 우리에게는 '체다카(tsedak?)'라는 말이 있다. 이 말은 자선이나 자비를 뜻하는 것이 아니라 옳지 못한 사회를 정의로운 사회로 바꾸는 것을 뜻한다. 모든 사람들이 품위를 지키며 살아갈 수 있는 그런 사회 말이다. 우리는 정의로운 사회, 모든 사람이 인간적인 대접을 받는 그런 사회를 이루어야 한다. 따라서 사회정의 구현은 우리가 해도 그만 안 해도 그만인 일이 아니라 우리의 의무이다. 노동이나 교육이나 기타 일상의 여러 가지 행위와 마찬가지로 우리의 의무인 것이다."

탐욕은 필요 이상으로 돈의 중요성을 강조할 때 생긴다. 수단을 목적으로 둔갑시키는 것이다. 돈은 그저 돈일 뿐이다. 앞에서도 한 번 언급한 적이 있지만, 자식들에게 책이나 예술품이나 따뜻한 기억이나 심지어 원수를 남겨주는 것은 좋은 일이다. 이 모든 것은 나름대로의 가치가 있다. 그러나 돈을 남겨주는 것은 바보짓이다. 우리는 지금 우리가 모르고 그냥 넘어간 가능성에 대해 이야기하고 있다. 은행에 3억 달러를 저금해두었다는 것은 그 3억 달러로 누릴 수 있었던 기회를 놓쳐버렸다는 것을 의미한다.

사실 돈은 우리가 얻을 수 있는 물건 중에서 가장 우울한 것이다. 죽음의 문턱에 들어서면 우리는 이런 생각을 하게 될 것이다. "이젠 모든 것을 빼앗기겠구나." 이 말은 내가 먹었던 모든 것, 내가 마셨던 모든 것, 내가 즐겼던 성생활, 내가 누렸던 모든 즐거움을 빼앗기게 된다는 뜻이다. 그러나 나는 내가 생전에 썼던 돈은 단 한 푼도 빼앗기지 않을 것이다. 남아 있는 게 없을 테니까.

그러나 다른 모든 죄와 마찬가지로 탐욕에도 좋은 면이 있다. 권력과 영광에 대한 욕심은 한이 없다. 다시 말해 권력과 영광에 대한 욕심은 조절할 수 없다. 그러나 돈에 대한 욕심은 조절할 수 있다.

실제로 15-16세기 동안에 이 세상의 권력은 약탈을 일삼는 군인들에게서 무식한 부자들에게로 넘어갔다. 하인으로 살던 사람들이 주인이 되었던 것이다. 그때는 누구라도 원하면 돈을 벌 수 있었다. 오사마 빈 라덴보다는 알 카포네와 말이 잘 통할 것이다. 알 카포네는 우리와 같은 사람이었다. 다만 겁이 좀 없었다는 것만 우리와 달랐다. 알 카포네가 원했던 것은 다른 사람이 원했던 것과 별반 차이가 없었다. 그는 먹고, 사랑하고, 부자가 되길 원했다. 문제라면 그가 좀 문제가 있는 방법을 통해 그걸 구했다는 점이다. 우리는 알 카포네가 사용한 방법은 인정할 수 없지만 그의 심정은 충분히 이해할 수 있다. 반면에 오사마 빈 라덴이 무엇을 원하는지 우리는 도무지 알 수 없다. 오사마 빈 라덴은 11-12세기에 기독교를 수호하기 위해 팔을 걷어붙이고 나섰던 귀족들과 같은 인물이다. 그 사람들은 도무지 감당할 수 없는 인물들이었다. 그들은 사람들이 주기 싫어

하는 것을 원했다. 그래서 그들은 자신들이 원하던 것을 강제로 빼앗아갔다. 명예를 원하는가? 그렇다면 당신 힘으로 명예를 쟁취해야 한다. 모름지기 명예는 그런 식으로 얻어야 참다운 명예가 된다. 권력을 돈으로 살 수 없던 시대, 그 시절에는 인정사정없이 권력을 휘두르며 다른 사람들을 억압할 수 있었다. 단지 그런 시대에만 그런 일이 가능했다. 그러나 부분적으로나마 돈으로 권력을 사고 팔 수 있게 되자 모든 것이 변했다. 이제는 권력을 그리 두려워하지 않아도 된다. 돈은 아주 구체적인 물건으로 보이긴 하지만 따지고 보면 모든 물질적인 재산 중에서 가장 비물질적인 것이다.

독일의 철학자 쇼펜하우어는 이렇게 말했다. 돈은 추상적인 행복이다. 은행에 엄청난 돈이 저금되어 있으면 행복할 것이다. 침대 밑에 금으로 가득 찬 커다란 자루를 숨겨 놓고 있어도 행복할 것이다. 그러나 그건 모두 전적으로 상상력이 가져다주는 행복일 뿐이다. 나는 행복을 이런 것으로 생각한다. 아름다운 여인을 품에 안고 있는 사람은 행복한 사람이다. 상다리가 휘어지도록 잘 차려진 음식상에 값비싼 포도주가 한 병 곁들어 있으면 그때 우리는 행복해진다. 그러나 수표를 보고 행복해하는 사람들을 나는 이해할 수 없다. 수표란 몇 마디 말과 몇 가지 숫자가 적혀 있는 종이쪽일 뿐이다.

내가 어렸을 때 우리 집은 경제적으로 그다지 쪼들리지 않았다. 그러나 우리 가족은 낭비를 교양머리 없는 행실로 여겼다.

우리 가족은 비싼 책을 사야할 때에는 돈을 아끼지 않았다. 그러나 터무니없이 비싼 바지는 거들떠보지도 않았다. 우리는 될 수 있는 한 저렴한 가격의 바지를 구해 입었다.

돈은 이 세상에서 사회성이 가장 강한 물건이다. 다른 그 무엇보다 돈에 의지해서 사는 사람들은 사회 체제가 만들어낸 병자라고 할 수 있다. 돈은 모든 것에 관련되어 있기 때문이다. 사회적 합의가 깨어지거나 해서 수백만 달러에 이르던 주식이 하루아침에 휴지조각이 되어버렸을 때 경제적인 문제로 자살하는 사람들이 늘고 있다. 철석같이 믿었던 약속이 깨어지는 바람에 비빌 언덕 하나 없이 모든 것이 사라져버리면 스스로 목숨을 끊게 되는 것이다.

신용에 있어서도 유사한 일이 발생한다. 돈은 인간의 신뢰성을 보증하는 최상의 아이콘이다. 돈은 그 자체 내에 일정한 가치를 지닌 물질로부터 시작되었다. 1파운드 무게가 나가는 금화가 하나 있다고 하자. 당신은 이 금화를 돈으로 사용할 수도 있고 아니면 이 금화를 녹여 귀고리를 만들 수도 있다. 그러나 이제 돈은 아주 섬세한 어떤 것으로 변했다. 오늘날 돈은 컴퓨터 안에서 눈이 핑핑 돌 정도로 빠르게 변하는 막대그래프로 나타나기도 하고, 홍콩의 은행계좌에서 뉴욕의 은행계좌로 순식간에 이동하기도 한다. 이제는 지폐든 동전이든 돈은 과거의 유물이 되고 말았다.

돈이 가치 있는 이유는 바로 교환의 필요성 때문이다. 사람들은 서로 필요한 물건을 교환한다. 만일 그럴 필요가 없었다면 돈이라는 사악한 물질을 만들어낼 생각도 못했을 것이다. 우리는 돈을 이용하여 내가 필요로 하는 물건, 즉 내게는 없지만 다른 사람들이 가지고 있는 물건을 구할 수 있다. 돈이 없었다면 우리는 많은 불편을 겪었을 것이다. 물물교환도 일종의 거래 방식이었다. 그러나 물물교환은 서로가 가지고 있는 물건이 상대방의 필요와 맞아떨어질 때에야 가능했다. 그렇지 않을 경우에는 그냥 힘으로 빼앗거나(상대를 죽이면서까지) 아니면 몰래 훔쳐야 했다. 탐욕스러운 사람은 돈이라는 사회적인 도구를 우상으로 여기는 사람이다. 이런 사람들은 돈의 가치를 제대로 이해하지 못한다. 돈은 그 자체에 가치가 있는 것이 아니고 가상의 도구일 뿐인 것이다. 쿠폰(상품권 내지는 교환권)이라는 것을 생각해보자. '냉장고 한 대 교환권', '양념 고등어 한 마리 교환권' 등과 같이 교환 가치가 극도로 한정되어 있다. 고등어 교환권이 있어도 고등어를 좋아하지 않는다면 그 교환권은 아무런 쓸모가 없는 것이다. 돈에도 좋은 점이 있다. 돈은 그 가치만 알려줄 뿐 그 돈으로 무엇을 하라고 지시하지 않는다.

욕심쟁이는 돈은 좋아하지만 인간관계는 고려하지 않는다. 욕심쟁이는 사회생활에서 교환이 극히 중요하다는 점을 인정하지 않는다. 우리는 서로서로 돕기 위해 아주 고상한 물건을 고안해냈다. 돈은 우리의 생활을 편리하게 해주는 기능을 담당한다. 그러나 그 외에도 돈에는 중요한 의미가 함축되어 있다. 바로 이런 의미가 숨어 있는 것이다. 우리는 다른 사람들 없이 홀로 살아갈 수 없다.

돈, 애정, 포용력

바일리는 이렇게 말한다. "우리는 때로 돈으로 감정을 표현하기도 한다. 돈에 인색한 사람은 감정에도 인색하다. 한 아이의 아버지가 되기 전까지만 해도 나는 나 자신만 아는 이기주의자이기는 했어도 결코 인색하게 굴지는 않았다. 나는 다른 사람들을 너그럽게 대해줄 때 느낄 수 있는 기쁨을 애써 외면했고 무시했다. 다른 사람에게 너그러운 사람은 자기 자신에게도 너그럽기 마련이다. 자식들에게 감정적으로 인색한 아버지들은 틀림없이 다른 문제들도 건성건성 대하게 된다. 그들은 자식들을 올바르게 교육시키기 위해, 삶의 고달픔에 자식들을 적응시키기 위해 그렇게 한다고 주장한다. 내 아버지는 한 번도 내 몸에 손을 대지 않았다. 육체적인 애정표현을 단한 번도 해주지 않았다. 껴안아주는 일은 생각도 할 수 없었다. 내 아버지는 분명히 자기 자신에 대해서도 인색한 사람이었을 것이다. 그 당시에는 이해하지 못했지만 지금은 어느 정도 이해할 수 있다. 내 아버지는 자식을 갖는다는 것이 얼마나 경이로운 것인지 이해하지도 못했고, 그걸 누릴 능력도 없었던 것이다."

20세기 초반부터 몇 십 년 동안 사람들은 자식 문제에 대해 이런 생각을 가지고 있었다. 아버지들은 자식들과 되도록 거리를 유지해야 한다. 지나친 애정표현이 아이들을 망칠 수 있다고 여겼던 것이다. 우리는 감정표현에 있어서도 인색하게 굴었던 것이다. 지금도 생각난다. 내 아버지는 할아버지를 항상 '당신'이라고 표현했다. 우리 남자들은 무슨 행동을 하든 항상 조심해야 했다. 부드럽게 굴어서도 안 되었고 다정하게 보여서도 안 되었다. 눈물은 절대 금물이었다. 눈물을 흘린다는 것은 사나이다움을 잃어버리는 것과 다름없었다. 우리는 감정표현에 있어서도 인색하기 짝이 없었다.

『리어왕』의 마지막 장면은 우리 가슴을 찡하게 만든다. 코델리아가 죽는다. 리어 왕은 이제는 두 번 다시 코델리아에게 자신의 심정을 고백할 수 없음을 깨닫게 된다. 위선으로 점철된 삶을 살아온 한 남자의 뒤늦은 후회. 자만심과 자기 본위로 살아온 한 남자의 때늦은 각성.

인색한 사람은 다른 사람들을 싫어한다. 다른 사람과 어울리려하지 않는다. 나병환자를 보살피는데 헌신한 사람들은 자신의 집구석에 돈을 숨겨둔 사람들보다 돈의 의미를 보다 더 잘 이해한다. 남을 위해 헌신하는 사람들은 비록 돈을 모을 수는 없지만 사람들과의 만남을 즐긴다. 우리 인간들은 서로서로 도

우며 살아가야 한다. 우리가 천성적으로 착하기 때문에 그러는
것이 아니다. 우리의 삶의 조건 그 자체가 서로를 의지해 살아
가도록 만들어졌기 때문이다. 인색한 사람이라고 할지라도 이
러한 점만 깨달으면 사회에 유용한 인물이 될 수 있다. 악착같
이 돈을 모으는 대신 남들을 돕기만 한다면 말이다.

　언젠가는 백만장자가 될 수 있겠지, 하는 꿈을 꾸고 사는 사
람보다 부를 더 잘 누리는 사람은 없을 것이다. 나는 그렇게 살
아본 적이 없기 때문에 그저 짐작만 할 뿐이지만, 그런 사람들
은 끊임없이 불안한 가운데 살아갈 것만 같다. 백만장자가 되
겠다는 꿈을 먹고사는 사람들은 자신의 꿈을 결코 이룰 수 없
는 꿈으로 여긴다. 절대적인 순수한 행복.

　탐욕은 유대인 배척운동의 씨를 뿌린 장본인이기도 했다. 대
부분의 유럽 국가에서 유대인들은 토지를 소유할 수도 없었고,
귀족이 될 수도 없었고, 군대를 무장시킬 수도 없었다. 유대인
들이 상거래를 통해 벌어들인 돈은 경제 활성화를 위해 사업에
재투자되어야 했다. 유대인들은 다른 탈출구가 허용되지 않았
기 때문에 은행가로 성장할 수밖에 없었다. 그러나 유대인들은
돈만 밝힌다는 이유로 양심이 더러운 인종으로 욕을 먹었다.
유대인들은 별다른 방도가 없었기 때문에 은행가와 자본가로
성장했다. 그런데 유대인들의 발목을 잡아 선택의 여지를 없애
버렸던 바로 그 사람들이 유대인들의 능력을 비난했던 것이다.
해괴한 일이 아닐 수 없다.

관용의 한계

　탐욕의 반대는 관용이다. 그러나 현실적으로 보면 권력이 있는 사람만이 관용을 베풀 수 있다. 능력도 있고 재산도 넉넉해야, 그러니까 모든 면에서 풍족해야 남을 도울 수 있는 것이다. 예를 들어, 병으로 죽어 가는 환자나 거지는 도와주고 싶은 마음이 굴뚝같아도 남에게 관용을 베풀 수 없다. 힘도 없고 재산도 없기 때문이다. 한 사람이 혼자서 누릴 수 있는 재산을 다른 사람들을 위해 나누어 쓰는 것, 바로 이것이 관용이다. 사회 내에서의 상호거래를 위해 무슨 방법을 사용하느냐 하는 것도 중요하지만, 보다 중요한 것은 사회 그 자체를 유지시키는 것이다. 부자는 다음과 같은 점을 명심해야 한다. "당신은 당신 능력으로 부자가 되었습니다. 머리도 잘 굴렸고 인색하게도 굴었을 겁니다. 하지만 따지고 보면 당신을 부자로 만들어준 사람은 다른 사람들입니다. 사회 전체가 당신을 부자로 만들어주었단 말입니다."

　무히카는 이렇게 질문한다. "관용의 한계는 어디인가? 어느 정도까지 용서될 수 있는가? 아르헨티나 군부독재가 저지른 대학살을 용서해줄 수 있는 사람도 분명 있을 것이다. 하지만 우리는 용서하는데 있어서 조심해야 한다. 우리는 제삼자, 즉 학살의 희생자들을 고려해야 한다. 이렇게 말할 수는 있다. '나는 당신을 용서한다. 그러나 당신은 감옥에 가야 한다. 당신은 나에게 해를 끼치지는 않았다. 그러나 당신은 애꿎은 사람들을 고문했고 죽였다. 그리고 그 사람들의 부모와 자식들에게 엄청난 고통을 안겨주었다. 그러니 감옥에 가야 한다.' 기타 등등. 물론 나는 내 자신의 관용을 베풀 수 있다. 그러나 그 이전에 다른 사람들(즉 사건과 관련된 제삼자)의 관심과 감정을 고려해야 한다."

정치인들은 별도의 분석이 필요하다. 정치인들은 그야말로 세상에서 가장 너그럽지 못한 사람들이다. 정치인들은 지나치게 자기가 속해 있는 당만 생각한다. 공공사업을 실현하거나 사회공동체에 이익이 되는 방법을 취할 수 있는 기회가 오면 항상 그렇다. 정치인들은 상대방 당이 칭찬을 받는 것을 도무지 참고 보지 못한다. 정치인들이 가장 욕심을 부리는 것은 돈이 아니다. 정치인들은 명예를 탐하고 사람들에게 얼굴을 알리는데 주력한다. 더 큰 권력을 얻기 위해 그러는 것이다. 정당은 보기 민망할 정도로 자기 패거리만 생각한다. 정당은 자신의 세력이 위축될 위험에 처하면 적수가 되는 정당의 장점을 인정하지 않을 뿐만 아니라 가차 없는 공격을 퍼붓기까지 한다.

영원히 해결될 것 같지 않은 문제가 하나 있다. 당신이 길거리를 걸어가고 있는데 거지가 다가와 돈을 달라고 한다. 당신은 어떻게 해야 하는가? "자본주의 사회에 대항하시오! 혁명을 일으켜야 합니다!" 이렇게 대답할 것인가? 아니면 설교를 늘어놓는 대신 한 푼이라도 쥐어주어 허기라도 달래게 할 것인가?

내 할아버지 생각이 난다. 할아버지는 거지가 구걸을 할 때마다 이렇게 말했다. "자 여기 있네, 친구, 술이라도 한 잔 사서 마시게나." 나는 열여덟 살이 되었을 때 거지가 와서 구걸하면 그때마다 적선했다. 물론 돈이 있을 때 말이다. 진보적인 친구들은 항상 그 문제로 나와 다투었다. 친구들은 이렇게 주장했다. "자네가 하는 짓은 사회 불의를 더욱 강화할 뿐이야. 자본주의의 본색을 감추는 행위란 말이야. 가난한 사람들도 의식화되어야 해. 세상을 뒤집어엎어야 한다는 사실을 깨달아야 한단 말일세." 그러면 나는 이렇게 대꾸했다. "저 사람들이 시청에서 월급이라도 받고 저러는 줄 아나? 저 사람들은 진짜 가난한 사람들이야. 자넨 저런 사람들을 보고도 그저 팔짱만 끼고 있을 텐가? 저 사람들이 지금 간절하게 원하는 게 뭐겠나? 먹는 거야. 자네와 다를 바 없단 말이야."

NGO(비정부 조직)운동이 벌어지면서 복잡한 문제가 발생하기도 했다. NGO는 가난, 환경 등 많은 사람들에게 영향을 미치는 문제에 관심을 갖고 그 해결책을 찾기 위해 노력한다. 그런데 문제는 이 NGO의 활동이 국가나 정부의 의무를 대신 짊어지고 있다는 것이다. 우리는 우리 손으로 정부를 선택하여 그 정부에게 임무를 맡겼다. 그런데 비정부 기구가 정부의 임무를 대신 짊어지려고 하는 것이다. NGO의 의도는 좋다. NGO는 자선 단체로 활동한다. 그러나 정부를 대신한다는 것은 아주 위험천만한 짓이다.

가난한 사람들이 있어야 자선사업도 명맥을 유지할 수 있다. 가난한 사람들이 있어야 돈 많은 부인네들이 풍족한 삶을 누릴 뿐만 아니라 자신의 영혼을 만족시킬 수도 있다. 부자들이 가난한 사람들 앞에서 죄책감을 느꼈던 그 옛날부터 그래왔다. 하지만 오늘날 부자들은 오로지 자기만족을 위해 살아간다. 가난한 사람들은 안중에도 없다.

怒

忿

慢食慾慾慢妬

驕貪貪淫怠嫉

사탄이 작가에게 성질머리 사납다고 놀린다

04

사탄이 작가에게 성질머리 사납다고 놀린다

사탄 : 아주 꼬치꼬치 나를 비방하는 작가 양반이 여기 계시네 그래. 당신 요
즘 무슨 짓을 하고 다니는 거요? 당신이 쓴 책을 좀 읽어보고 알게 된
건데 말이지, 내가 좋아하는 죄를 당신도 하나 아주 좋아하더구먼 그
래. 분노 말이야. 화는 좀처럼 참을 수 없는 모양이야.

작가 : 그렇소이다. 내가 쓴 사설이나 책들은 거의 대부분 '당돌함의 박물관'
이라고 할 수 있지요. 나는 내 화를 돋우고 따지고 들 만한 것이 생기
면 여지없이 타자기로 달려들어 글을 씁니다. 분통이 터져야 글이 써
지거든요. 화가 나지 않으면 의욕도 생기지 않아요.

사탄 : 세상에! 글을 쓰려면 마음을 차분히 가라앉히고 정신을 집중해야 할
텐데, 참 재미있는 양반이로군.

작가 : 그래요, 물론 그렇지요. 내가 물고 늘어지는 문제는 아주 다양합니다.
그래도 공통점이 하나 있지요. 바로 권력을 쥐고 있거나 권력 근처에
서 얼쩡거리는 사람들을 나는 용서할 수 없어요.

사탄 : 그렇지, 성질 돋우는 사람들이야말로 최고지. 내 맘에 쏙 들어!

작가 : 그렇지요, 최고지요. 특히 폭력을 휘두를 때면 진짜 가관이죠.

사탄 : 당신 말이야, 툭하면 성질부터 부리는데, 그러면서도 분노가 나쁘다고
한단 말이야. 화를 내면 좋은 일이 얼마나 많이 생기는데. 피가 돌기
시작하고, 세포가 왕성하게 활동을 시작하고, 복수심이, 원수를 처치
해야겠다는 의욕이 불타오르고. 아무도 감당할 수 없도록 화를 내보라

고, 그게 자연스러운 거니까.

작가 : 우리가 인간이라는 사실을 잊었습니까. 우리는 짐승과 구별되는 문화를 가꾸어왔어요. 짐승들에게도 좋은 점은 있기는 합니다만. 짐승들은 신이나 사탄이 존재하느냐 않느냐 하는 문제로 골머리를 썩이지 않으니까. 그러나 당신의 부추김과는 상관없는 분노도 있어요. 고귀한 분노도 있단 말입니다. 세상을 살아가는 사람들을 한번 생각해보시지요. 지금 세상은 점잖은 사람들의 화를 돋우고 참을 수 없게 만들고 있어요. 이성만으로는 도저히 감당할 수 없는 상황이 벌어지고 있단 말입니다. 이 세상을 한번 살펴보시지요. 소위 지도자라는 자들이 전쟁을 정당화하기 위해 어떤 짓을 하고 있는지 아십니까? 적을 악마로, 증오해야 마땅할 원수로 그려내 보인단 말이지요.

사탄 : 뭐가 이렇게 복잡해! 사람들은 왜 날 미워하는 거야? 내게 고마워해도 시원찮을 텐데. 나라는 존재가 뭐야? 내가 있으면 기존의 모든 것을 뒤집어엎을 수 있잖아.

작가 : 기존의 모든 것을 뒤집어엎어요? 그건 오로지 자유를 현명하게 사용해야 얻을 수 있어요. 그리고 그 자유와 밀접한 관계가 있는 이성을 올바르게 사용해야 합니다. 당신이 하는 짓이 다 그렇지만, 원수를 악마로 만드는 것은 아주 잘못된 겁니다. 조지 부시 대통령과 오사마 빈 라덴의 공통점이 뭔지 아세요? 서로가 상대방을 악마라고 주장하는 겁니다.

사탄 : 둘 다 훌륭한 청년들이야. 내가 좋아하는 친구들이지.

작가 : 위험한 친구들이겠지요! 이 친구들이 어떤 자들인지 아십니까? 자기편이 아닌 사람은 싸잡아 악마라고 부르는 인간들입니다.

사탄 : 나는 내 편을 들지 않는 녀석들을 '이 하느님 같은 놈들'이라고 부르는데.

작가 : 그렇습니까? 그래 한번 얘기해봅시다. 당신에 대해서도 좋고, 하느님에 대해서도 좋고, 모든 사람에 대해 얘기해봅시다. 돈키호테도 화가나서 미쳐 날뛰었는데…….

사탄 : 내가 어떻게 당신 같은 사람을 참고 견디는지, 아무리 생각해도 모르겠단 말이야. 온통 내 분통을 터뜨리는 말만 늘어놓고 있는데 말이야. 하긴 이게 어제 오늘 일인가! 일은 지들이 벌여놓고 욕은 내게 뒤집어 씌운단 말이지!

4. 분 노

忿怒

분노. 격렬한 감정. 분노는 때때로 우리를 짐승과 다를 바 없는 존재로 만들어버린다. 우리는 다른 사람들처럼 차분하게 살아가다가도 조금이라도 자극이나 부추김을 받게 되면 야만인으로 변하기도 한다.

분노의 죄는 정도의 문제이다. 분노는 일종의 태도이다. 분노는 단순히 우리가 살아 있다는 것을 보여주는 반작용이다. 그래서 불의한 일을 목격하거나, 위협을 당하거나, 피해를 입게 되면 우리는 분노를 터뜨리게 된다.

본능적이고도 감정적인 분노가 폭발하게 되면 우리는 눈이 멀고, 이성을 잃고, 심할 경우 어리석은 짐승의 모습을 보여주기도 한다. 과도한 분노는 해롭다. 그러나 나는 어느 정도의 분노는 필요하다고 생각한다.

페루의 작가 알프레도 브라이스 에체니케는 분노에 사로잡힌 사람들을 존경한다고 고백했다. "추악한 상황 앞에서 다른 사람들이 입을 다물고 있을 때 벌컥 화를 내는 사람들을 나는 존경한다. 반항하고, 옳은 말을 하고, 소리를 지르고, 심지어 자신 몸을 희생하는 사람은 아무것도 아닌 일에 신경질을 부리는 사람과 판이하게 다르다."

살아가는데 있어서 가장 중요한 것은 경험이다. 죄도 마찬가지다. 죄도 먼저 경험해볼 필요가 있다. 만일 당신이 평생 동안 한 번도 화를 내본 적이 없는 사람이라면 내가 아무리 분노에 대해 설명해도 당신은 내 말을 이해하지 못할 것이다. 만일 당신이 정직한 사람이라면 당신도 때때로 화를 낸다는 사실을 부인할 수 없을 것이다. 나 역시 종종 화를 낸다. 화를 낸다는 것은 죄를 짓는 것이다. 화가 날 경우에는 굳이 당신의 화를 정당화시킬 구실을 찾지 말라. 그런다고 상황이 호전되는 것은 아니다. 오히려 그 반대다. 상황은 악화될 뿐이다.

아르헨티나의 신문기자 겸 신경과의사인 넬슨 카스트로는 이렇게 말한다. "분노는 전적으로 생리적인 현상이다. 우리 몸은 아드레날린이 분비되면 그에 반응할 수밖에 없다. 인간의 신체는 화를 낼 수 있도록 만들어졌다. 그런데 어떻게 화를 내지 않을 수 있단 말인가? 심리학적으로 볼 때 분노는 우리에게 영향을 주고, 우리를 동요시키고, 우리에게 해를 입히는 그 어떤 것에 대한 반작용이다. 따라서 반작용으로서의 분노는 문제가 되지 않지만 습관적인 분노는 문제가 된다. 즉 습관적인 분노는 죄가 되는 것이다. 반작용으로서의 분노는 구체적인 목적을 지닌 인간의 고유한 특성이다."

어쨌든 나는 고요한 명상에 잠겨 있다가도 이런 사람들만 생각하면 화가 치밀어 오른다. 자기는 죄가 없다고 생각하는 사람들, 자기 자신의 특권을 내세우는 사람들, 자신의 신앙을 남들에게 강요하는 것이 지상 최대의 임무라고 생각하는 사람들. 이런 사람들은 직접 폭력을 휘두르기도 하고 '해결사'를 통해 일을 처리하기도 한다. 욕심이 생기면 일을 저지르고, 일을 마무리 지으면 입을 싹 씻는다. 이런 사람들은 합리적인 회의주의(건전한 사회를 위해서는 반드시 필요한)를 깨부수고, 대중의 감정을 충동질하고, 개인주의를 이기주의라고 욕하고, 국가가 하는 일을 지지한다. 그러나 누군가가 강도를 당하고 억울한 일을 당하면 손가락 하나 까닥하지 않는다. 실로 한심한 인간들이 아닐 수 없다. 그들은 진지하고 엄격한 사람들이다. 그들은 판에 박힌 의식을 날마다 반복한다. 그들은 자신들이 가진 신념 하에서 모든 일에 열정적으로 달려든다. 쾌락도 마다하지 않는다. 바로 이런 사람들이 내 비위에 거슬리는 사람들이다. 나는 이런 사람들을 보면 결코 입을 다물고 있을 수 없다. 과거에도 그랬고 앞으로도 그럴 것이다.

아부드는 이렇게 말한다. "폭력에 대한 반작용은 흔히 분노로 나타난다. 단지 이슬람 세계에 국한된 얘기가 아니다. 집이 허물어지고 가족이 죽는 것을 보면 누구라도 분노를 터뜨릴 것이다. 사람들은 분노를 일으키게 되면 자연히 이성을 잃게 될 것이고 이어서 증오를 느끼고 복수심에 이르게 될 것이다. 하지만 자살 폭탄 테러와 같은 폭력 행위는 이성을 잃어버린 가운데서 나온 행동이 아니다. 그런 행위는 충분히 검토하고 냉정하게 계산한 후에 실행한다. 우리 이슬람 세계에 사는 사람들은 이렇게 생각한다. 역경이 닥치면 인내와 용기로 참고 견뎌야 한다. 그래야 터져 나오려는 분노를 참을 수 있다. 이것은 독재자의 전횡을 참아내는 것과는 다르다. 이슬람에서는 남을 억압하는 것도 죄가 되지만 그 억압을 용납하는 것도 죄가 된다. '이하드(Yihad)'라는 말이 있다. 사람들은 흔히 이 말을 '성전(聖戰)'으로 잘못 해석한다. 이 말의 본래 의미는 '자기감정을 억제하다', '자기 마음속에서 타오르는 불길을 끄다'라는 것이다."

아부드는 이렇게 묻고 답한다. "하느님의 분노란 과연 무엇인가? 내가 이런 말을 해도 하느님은 나를 용서하실 것이다. 사람들이 의도적으로 율법을 어길 때, 그에 대한 하느님의 반응이 바로 하느님의 분노인 것이다. 무엇이 분노를 일으키는가?

분노를 일으키는 기준은 무엇인가? 사람들은 그 기준을 미리 설정할 수 없다. 분노로 야기된 무질서야말로 가장 심각한 문제라고 할 수 있다. 사람들은 무질서 상태에 이르면 생각지도 못했던 일을 저지를 수 있다."

무히카는 이렇게 회고한다. "어느 수도사와 관련된 재미있는 일화가 있다. 이 수도사는 수도원에 살았는데 성질이 사납고 자주 화를 냈다. 어느 날 이 수도사는 다른 수도사와 격렬한 말다툼을 벌이다 갑자기 심장마비로 죽고 말았다. 그러자 수도원장이 이렇게 말했다. '이 형제는 화를 내다 죽었으니 수도원 묘지에 묻힐 수 없다.' 이때 느닷없이 천사가 나타나 사람들에게 그 형제의 영혼이 천국에 있다는 소식을 전했다. 수도원장이 물었다. '화를 내다 죽었는데 어찌 그럴 수 있단 말입니까?' 천사가 대답했다. '아닙니다. 이 형제는 자기 자신의 분노와 싸우다 죽었습니다.' 자, 무엇이 문제인가. 문제는 이와 같은 감정을 어떻게 다스리느냐 하는 것이다. 창조적이며 긍정적인 분노도 있기 때문이다. 불의를 보고 느끼는 의분은 이기심이나 교만에서 나온 분노와 차원이 다른 것이다."

아주 흥미롭다. 분노는 죄가 분명하다. 그러나 하느님도 종종 화를 낸다. 사치를 부리는 하느님, 탐욕을 부리는 하느님, 질투에 사로잡힌 하느님은 상상조차 할 수 없다. 하느님에게도 분노할 권리가 있는 것이다.

요즘 사람들은 쉽게 화를 내는 경향이 있다. 사람들에게서 인내와 반성이 점점 사라져가고 있다. 경우에 따라 분노가 정당화되지 않을까 싶어 겁이 난다. 소위 '정당한 분노'라는 것이 판을 치지 않을까 싶어 두렵다. 사람들이 억지를 부리지 않을까 싶어 걱정이다. "이 외에는 다른 방도가 없었다. 어쩔 수 없이 벌어진 일이다"라는 변명으로 자신의 행위를 정당화하려든다면 얼마나 위험하겠는가.

언젠가 나는 덴마크에서 교육자들을 상대로 강연을 한 적이 있다. 『연인들을 위한 윤리학』 출판 기념을 겸한 행사였다. 그런데 강연회에 참석한 대부분의 교육자들이 여성이었다. 보통 학생들은 열일곱 내지 열여덟 살에 학교를 졸업할 때까지 끊임없이 치고받고 싸운다. 그런데 여선생님들은 비슷한 연배의 아이들 사이에서 싸움이 일어나지 않도록 그 뿌리부터 잘라버린다. 이런 식의 교육을 받고 자란 학생들은 학교를 졸업하고 본격적으로 실생활에 뛰어들게 되면 길거리에서 벌어진 싸움에서 맞아죽기 십상이다. 싸움이 벌어지면 어떻게 대처해야 하는지 모르기 때문이다. 싸움이 벌어지면 맞기도 하고 때리기도 하는데 그런 개념 자체를 모르는 것이다. 당신도 어린 시절에 서너 차례 치고받고 싸운 적이 분명 있었을 것이다. 그러면서 주먹질이 얼마나 위험한지 배워나갔을 것이다. 때리는 것도 위험하고 맞는 것도 위험하다. 이제는 당신도 알고 있을 것이다. 폭력을 휘두르는 것은 좋지 않다. 안전하게 살려면 폭력을 피해야 한다.

골드만은 이렇게 설명한다. "유대 전통에서는 두 가지 충동에 대해 얘기한다. 어떤 사람들은 이 두 가지 충동을 선(善)과 악(惡)으로 해석하지만 실제로는 긍정적인 충동과 부정적인 충동이다. 이 두 가지 충동이 충돌할 때 사람들은 사적인 것과 공적인 것의 개념을 알 수 있다. 이 두 가지 충동 사이의 대결은 피할 수 없다. 긍정적인 충동이 지나치게 되면 우리는 메시아 사상으로, 온 인류를 강제적으로 평등하게 만드는 그런 사상으로 이끌려간다. 부정적인 충동이 없으면 개인이나 가족이라는 개념은 존재할 수 없다. 이 두 가지 충동 사이의 대결이 사람들이 세상을 살아갈 수 있도록 도와준다. 어쩌면 우리 역사는 선과 악의 투쟁의 역사라고도 할 수 있을 것이다. 그러나 선은 결코 악을 완전히 제거하려고 하지는 않았다. 그저 악에 대해 부단히 싸워왔을 뿐이다. 악을 완전히 제거해야 한다고 생각하는가? 그것은 근본주의자(원리주의자)들이 원하는 바이다. 악은 절대로 사라지지 않는다. 우리는 영원히 악과 싸워야 한다. 이와 같은 끈질긴 투쟁을 통해 사람들은 창조력을 발휘할 수 있다. 선의 반대 개념은 악이 아니다. 선의 반대 개념은 지선(至善), 즉 더할 나위 없이 선한 것이다. 문명은 선과 악의 중간 지점에 보금자리를 펼쳐가고 있는 것이다.

악을 근절시킬 수는 없다. 그러나 악한 사람들은 뿌리째 뽑을 수 있다. 악에 대한 투쟁은 영원하다. 결코 끝나지 않는다. 선한 것이 악한 것으로 수시로 변하기도 한다. 선한 것으로 여겨졌던 행위나 인물들이 어느 순간 악한 것으로 돌변한 경우를 우리는 역사를 통해 무수히 보아왔다. '능력'이라는 말은 좋은 의미로 쓰인다. 그러나 이 능력이라는 말도 '권력'이라는 틀에 틀어박히게 되면 나쁜 의미로 돌변해버린다."

아부드는 이렇게 말한다. "적을 악마로 규정하는 사람들은 자신은 선한 편에 위치한다고 주장한다. 그래서 자신이 옳다는 것이다. 이 사람들은 남들도 옳을 수 있다는 사실을 인정하지 않는다. 근본주의자들과 메시아주의자들의 근본 태도가 바로 이렇다. 이 사람들은 인간과 인간의 생각이 개선될 수 있다는 사실을 무시한다. 서양의 메시아주의자들과 동양의 메시아주의자들이 끊임없이 다투는 이유도 바로 여기에 있는 것이다."

아부드는 이렇게 확신한다. "종교적인 분노와 감정적인 분노는 대단히 위험하다. 아내에게 배신을 당한 남편들은 종종 아내에게 폭력을 휘둘러 상처를 입히기도 하고 심지어 죽이기까지 한다. 하느님을 위한 일이라는 명목으로 전쟁터로 끌려 나가는 군인들의 심정은 어떨까. 이런 군인들은 자신의 임무를 수행한다는 행복감으로 기꺼이 적을 죽이고 혹은 목숨을 잃기도 할 것이다. 우리는 이런 점을 명심해야 한다. 이 세상에는 근본주의로 똘똘 뭉친 나라와 종교가 존재한다. 상대방의 의견은 귓등으로도 듣지 않는 고집불통 근본주의자들이 존재하기 때문이다."

분노의 나날

　기독교에서는 분노를 '복수에 대한 주체할 수 없는 욕구'의 산물로 여긴다. 분노로 이성에 반하는 무질서가 야기되면 그 분노는 죄가 된다. 좋은 분노, 바람직한 분노도 존재한다. 악을 제거하고 선을 세우는 분노는 바람직한 분노라고 할 수 있다.

　천성적으로 신경질적인 나 같은 사람들은 무엇을 파괴할 정도까지는 화를 내지 않는다. 그러나 참을성이 강한 사람들은 평소에는 전혀 티를 내지 않다가도 한번 꼭지가 돌았다하면 아무나 붙잡고 목을 조르려 달려든다. 이런 일이 벌어지면 이웃들이 옹기종기 모여 수군거린다. "아니 저렇게 점잖은 사람이 대체 무슨 일이야?" 만일 성질이 고약한 사람이 그랬다면 전혀 달랐을 것이다. 그런 일을 충분히 예상했을 것이다.

　넬슨 카스트로는 이렇게 말한다. "문제는 이성과 본능과의 싸움이다. 분노가 문제가 되는 것은 본능과 감정이 막대한 해를 입힐 수 있는 주체할 수 없는 상황으로 우리를 몰고 간다는 것이다. 분노는 폭력적인 감정으로 표출된다. 폭력적인 감정은 생각지도 못했던 결과를 낳을 수 있다. 심할 경우 사람을 완전히 미친놈으로 만들어버리기도 한다. 즉각즉각 화를 풀어버리는 사람들이 있다. 즉시즉시 화를 푸는 것도 하나의 능력이다. 그러나 이런 능력이 없는 사람들은 차곡차곡 화를 쌓아두었다가 전혀 엉뚱한 방식으로 풀어낸다. 이웃 사람을 상대로 화를 풀 때도 있고 자기 자신을 상대로 화를 푸는 경우도 있다. 어떠한 경우든 비참한 상황이 연출된다."

공연히 남의 화를 돋우는 사람들이 있다면 화를 낼 수도 있는 일이다. 화가 나는 일이 있어도 가슴속에 꼭꼭 쟁여두고 사는 것만큼 위험한 일은 없다. 결국에는 가슴이 찢어지면서 커다란 비극을 몰고 올 테니까 말이다. 거의 화를 내지 않는 사람보다 시도 때도 없이 신경질을 부리는 사람을 다루기가 훨씬 수월하다. 영화 〈분노의 날(한국에서는 '폴링다운'이라는 제목으로 상영되었다)〉에서 마이클 더글러스가 연기했던 인물을 생각해 보라.

성질이 고약한 사람은 끊임없이 시빗거리를 찾아다닌다. 누군가와 살짝만 부딪혀도 소리를 지르며 찜찜한 상황을 연출한다. 그러나 그런 사람들에게는 어느 정도 한계가 있다. 그런 사람이 보인다 싶으면 피하면 그만이다. 그와 반면, 온순해 보이는 사람은 느닷없이 소리를 지르며 죽기 살기로 달려든다. 주체할 수 없을 정도로 분노가 치밀면 그러는 것이다.

골드만의 얘기를 들어보자. "유대 전통에서는 '용서의 날'이 가장 성스러운 날이다. 우리가 1년 동안 저지른 모든 잘못은 이날 행사를 통해 용서받고 깨끗이 사라진다. 그러나 우리가 다른 사람에 대해 저지른 잘못은 오로지 사람만이 용서할 수 있다. 이웃 사람에게 저지른 잘못에 대해 우리 유대인들은 이렇게 생각한다. 우리는 상대방의 잘못을 용서해주어야 한다. 상대방의 잘못을 용서해주지 않는 것도 죄가 되기 때문이다. 우리는 세 차례에 걸쳐 용서를 구한다. 피해를 본 사람이 세 번 모두 거절하면 그는 극악한 죄인이 되고 만다. 오늘날까지 논란이 계속되고 있는 문제가 하나 있다. 바로 살인자와 관련된 문제다. 살인자는 누구에게 용서를 구해야 하는가? 살인자는 피해자나 피해자의 가족에게 용서를 구해야 한다. 우리 유대인 사이에서도 의견이 분분하다. 어떤 사람들은 무덤을 찾아가 용서를 빌어보아도 소용없다고 주장한다. 잘못을 저지른 순간은 되돌릴 수도 없고, 용서를 구해도 피해자가 용서해줄 수 있는 입장이 아니기 때문이라고 한다.

'용서의 날'에 유대인교회에 참석하지 않는 사람도 하느님은 용서하신다. 하느님은 사람이 하루하루를 어떻게 살아가느냐 하는 것을 중요하게 보시지 기도를 하느냐 마느냐 하는 것은 중요하게 생각하지 않으시기 때문이다.

과연 무엇이 하느님의 징벌인가? 잘못을 저지르면 조만간 그에 대한 대가를 치러야 한다. 언제 어떤 식으로 얼마만큼 대가를 치르느냐 하는 것은 중요하지 않다. 하느님이 행하시는 방법을 우리는 헤아릴 수 없기 때문이다."

선한 분노와 악한 분노

분노는 우리 인간을 일으켜 세우는 원동력이기도 하다. 세상에 만연한 굶주림을 다시 한 번 예로 들어보자. 사람이 굶어죽는다는 것은 제대로 된 사람으로서 도저히 참을 수 없는 천인공노할 사태이다. 그러나 이성으로는 이런 사태를 사람들에게 제대로 호소할 수 없다. 그러나 아래와 같은 장면을 보여주면서 사람들에게 호소하면 상황은 달라질 것이다. 기름기가 줄줄 흐르는 뚱뚱한 사내가 비쩍 마른 어린아이 손에 들린 빵을 빼앗아먹는 장면. 사람들은 분통을 터뜨리며 거리로 달려 나가 이런 작태를 없애야 한다고 소리소리 외칠 것이다.

분노만 가지고는 부정부패를 척결할 수 없다. 분노에 못 이겨 폭동을 일으켜도 부정부패를 척결하기는 힘들다. 그러나 문제를 해결하기 위해서는 우선 분노부터 느껴야 한다. 그리고 또 올바른 해결책을 모색하기 위해서는 분노 중에도 때때로 마음을 차분히 가라앉힐 수 있어야 한다.

우리는 화를 내면서도 마음을 진정시키고 사태를 정확하게 파악해야 한다. 대중을 지배하려는 지도자들은 대중의 분노를 충동질하고 조종한다. 앞에서도 이미 얘기했듯이 전쟁을 정당화하기 위해 악마와 같은 적의 이미지를 만들어낸다.

그러나 포퓰리즘 정치가들 역시 대중을 선동하기 위해 분노를 이용한다. 사람들을 이끌어 들이는데 분노를 이용하는 것만큼 좋은 책략은 없다. 그들은 이렇게 주장한다. 가난한 사람들의 삶의 질을 개선하기 위해서는 부자들을 쥐어짜야 한다고. 오텔로 사라이바 데 카르바뉴에 관한 재미있는 일화가 있다.

이 사람은 포르투갈의 '카네이션 혁명(역사상 가장 치열했던 혁명이었다)' 당시에 지도자들 중 한 명이었다. 그는 유럽 전역을 돌아다니며 새로운 정부를 위해 자금을 모금하며 후원해줄 것을 호소했다. 그가 스웨덴 총리 올로프 팔메를 만났을 때였다. 스웨덴 총리는 포르투갈의 새로운 정부에 호감을 가지고 있었다. 총리가 물었다. "당신들 혁명은 포르투갈 안팎에서 많은 지지를 얻을 수 있었소. 그 이유가 뭐라고 생각하시오?" 이에 사라이바가 대답했다. "우리가 부자들이 없는 세상을 만들려고 하기 때문이겠죠." 그러자 스웨덴 총리가 대답했다. "우리와는 생각이 다르군요. 우리는 가난한 사람들이 없는 세상을 만들려고 하는데." 복수밖에 모르는 무분별한 분노와 올바른 분노는 이렇게 다른 것이다. 무분별한 분노는 문제를 어떻게 해결해야 하는지 그 방법을 전혀 모른다. 그러나 정당한 분노는 이렇게 말한다. "내가 맞서 싸우는 대상은 부자들이 아니다. 나는 가난과 불평등한 분배에 맞서 싸운다." 불평등한 분배는 죄악이다. 우리는 이런 죄악을 척결해야 한다. 분배를 받지 못하는 사람들을 끌어안고 그들에게도 몫을 나누어주어야 한다. 가난에 맞선 증오와 분노. 미워하고 화를 내더라도 이런 식으로 해야 한다. 이러한 분노는 건전하고 유익하다. 하지만 오로지 부자들을 처벌하려는 분노와 증오는 아무짝에도 쓸모가 없다. 부자들을 처벌한다고 해서 가난한 사람들의 상황이 호전되는 것은 아니다. 정부가 해야 할 일은 더 많은 부를 창출하고 모든 사람들을 아우를 수 있는 분배 체계를 구축하는 것이다.

넬슨 카스트로는 이렇게 말한다. "교도소에서 봉사하는 어느 목사가 교도소에 복역 중인 어느 청년에 관한 이야기를 들려주었다. 치가 떨리는 이야기였다. 그 청년은 어떤 사람을 공격해 아주 냉혹하게 살해했다고 한다. 목사가 청년에게 물었다. '원하던 것을 손에 넣었으면 그만이지, 사람을 죽일 필요까지는 없지 않았소? 청년이 대답했다. '분통이 터져서 그랬습니다. 나와 동갑내기인 녀석(청년은 그때 열여덟 살이었다)이 부모님 슬하에서 살며 어린 시절에는 장난감을 가지고 놀았고 학교까지 다녔다는 사실을 알게 되자 분통이 터졌습니다. 도저히 참을 수가 없었습니다.' 청년을 변호하고자 하는 얘기가 아니다. 그러나 이 이야기를 통해 우리는 어느 정도 그 청년의 심정을 이해할 수도 있을 것 같다. 마음이 심란해진다. 누가 책임을 져야 하는가. 짐승처럼 구는 사람들을 비난하기에 앞서 우리는 그런 짐승 같은 사람들이 생겨나지 않도록 예방해야 한다. 짐승처럼 살다보면 언젠가는 짐승 같은 행동을 취하기 마련이니까 말이다.

조지 부시 대통령과 오사마 빈 라덴, 두 사람 모두 성질머리 사나운 것 하나는 똑같다. 재미있지 않은가. 두 사람 다 이렇게 생각하고 있는 것이다. 하느님은 내편이다, 나는 지금 지옥의 왕과 맞서 싸우고 있다. 자신의 의견에 반대하는 사람들을 싸잡아 악마라고 규정하는 사람들. 아주 위험천만한 사람들이다.

우리는 지금 이런 사람들과 함께 살고 있다. 병리학적으로 볼 때에도 상황은 아주 심각하다. 십자군 전쟁 시절에 울려 퍼졌던 구호가 다시 들려오는 듯싶다. "하느님의 이름으로!"

우리는 화를 잘 내는 하느님에 대해 얘기한다. 그러나 분노에 찬 하느님의 모습은 구약성경에서만 찾아볼 수 있다. 우리는 예루살렘 성전에서 채찍을 휘둘러 상인들을 쫓아내는 예수 그리스도의 모습을 기억한다. 조금은 무분별한 행동이었다. 예수 그리스도는 알고 있었다. 그 변변찮은 상인들은 모두 허가를 받고 장사를 하고 있었다. 모두가 허락을 받아 장사하는 봇짐장수였던 것이다. 사람들은 예수에게 따졌다. 무슨 자격으로 화를 내느냐, 감독관도 아니면서. 그렇지만 예수 그리스도의 무분별한 행위는 성스러운 분노의 대표적인 예로 간주된다.

사람들은 또 이렇게 생각한다. 이런 저런 일이 있어도 충격을 느끼지 않는 사회는 방어능력이 없는 사회라고. 교통신호를 지키지 않는 것을 '테러'로 규정하는 사회는 편집증에 걸린 사회다. 일곱 살짜리 어린 아이가 일에 시달려 죽는 것을 방치하거나 시민들이 신문에 자기 의견을 발표했다는 이유만으로 살해 위협을 받는 사회 역시 병에 걸린 사회라고 할 수 있다.

사회의 불의나 부정부패를 보고 화를 낼 때에는 언제나 신중을 기해야 한다. 우리는 무슨 일에 실패하거나 욕구불만이 터져 나오거나 갈등을 겪게 되면 개인적인 분노에 휩싸인다. 넬슨 카스트로는 이렇게 믿는다. "사법제도가 제 기능을 발휘하지 못하는 사회에서는 개개인이 의분을 느끼고 정의를 실현하려고 한다. 그리고 그 사회 구성원이 그러한 점을 인정한다. 정의가 실패할 때 사회는 분노하게 된다."

분노는 마약과 같은 것이다. 분노는 삶의 의욕을 강하게 해준다. 화가 나면 원기가 왕성해진다. 에너지가 솟아나고, 아드레날린이 분비되고, 분에 못 이겨 몸이 활활 타오르는 느낌을 받게 된다. 그러나 현실은 어떤가. 잠시만 생각해보면 알 수 있다. 내부에서 끓어오르는 분노로 모든 것을 파괴할 수 있을 것이라고 생각하지만 사실은 그렇지 않다. 어쩌면 그렇게 느낀 것을 부끄러워할 지도 모른다.

보통 나는 화가 치밀어 오르면 우스꽝스러운 장면을 생각하며 화를 참는다. 화가 나면 모든 것이 심각해진다. 진짜 심각한 문제도 전혀 심각하지 않은 문제도 모두 심각해 보이는 것이다. 그러다 보면 정말 중요한 요소를 놓치고 만다. 화를 잘 내는 사람은 유머감각이 없다. 이런 사람들은 집에서도 잘 웃지 않는다.

나는 개인적으로 사람들이 무슨 짓을 해도 잘 받아들이는 편이다. 나쁜 의도가 없는 경우라면 말이다. 식당에 가서 고기 요리를 주문했는데 걸쭉한 수프를 내온다. 그러면 나는 이렇게 말한다. "좋았어, 수프도 괜찮아. 어쩌다 실수도 할 수 있지 뭐." 그리고 두말 않고 수프를 맛있게 먹는다. 그러나 잘못된 신념을 주장하거나 거만을 떠는 사람을 보면 내 자신을 주체할 수 없다.

분노는 거의 언제나 폭발적으로, 격정적으로 터져 나온다. 집단행동에 있어서도 마찬가지다. 예를 들어보자. 미국의 부시 대통령이 이라크를 침공했을 때 그에 항의하기 위해 5십만 명의 사람들이 마드리드 거리를 가득 채웠다. 엄청난 군중이었다. 하지만 나머지 4백만 명은 화를 내지도 않았고 길거리로 뛰쳐나오지도 않았다. 그래도 5십만 명이 모였다니 그게 어딘가!

사람들은 스포츠와 관련된 문제에 있어서도 집단적으로 분노를 폭발시킨다. 축구 경기를 예로 들어보자. 사람들은 자기들이 응원하는 특정 팀의 유명 선수가 형편없는 경기를 하면 화를 내며 욕을 퍼붓는다. 그러나 다음 경기에서 그 선수가 골을 넣으면 그 영웅을 향해 탄성을 질러댄다. 증오가 찬양으로 돌변한 것이다. 대중의 기분은 이렇게 경우에 따라, 시도 때도 없이, 일관성도 없이 왔다 갔다 하는 것이다.

길거리로 나가 대중 집회에 참석해 보라. 한바탕 신나게 놀 수 있다. 사람들은 날뛰며 고래고래 고함을 지른다. 무아지경이다. 진리는 오로지 내편이며, 나는 하느님을 대신해 화를 내고 있다고 생각하는 것이다. 집회가 끝나면 사람들은 집으로 돌아간다. 몇 달이 지나간다. 사람들은 전기세나 기타 세금고지서를 받아들고 고민한다. 그러다 선거철이 다가온다. 사람들은 지난번에 반대했던 후보자에게 표를 던진다. '모든 사람들이' 의견을 바꾼 것 같다. 옛날에 욕을 퍼붓던 사람을 지지하는 것이다. 그러나 정말 그럴까. 길거리를 차지한 대중이 '모든 사람들' 은 아닌 것이다.

처벌 혹은 복수

신을 거역하면 신의 노여움을 사게 된다. 프로메테우스가 바로 그런 경우다. 신들은 흙과 불을 섞어 생명체를 창조했다. 그리고 에피메테우스와 프로메테우스에게 이렇게 명령했다. 이 생명체들에게 공평하게 능력을 나누어주도록 하라. 실무는 에피메테우스가 담당하고 나중에 프로메테우스가 다시 한 번 검토하기로 했다. 에피메테우스는 가장 약한 것들에게는 빨리 달릴 수 있는 능력을 부여했고, 가장 느린 것들에게는 힘을 부여했고, 추운 지역에 거주하게 될 것들에게는 두꺼운 피부나 텁수룩한 털을 나누어주었다. 그러나 에피메테우스는 큰 실수를 저지르고 말았다. 사전에 예고된 실수였다. 인간에게는 아무런 선물도 주지 않았던 것이다. 인간은 벌거벗은 몸으로, 의지가 지없는 무방비 상태로 다른 생명체들 앞에 놓이게 되었다. 상황을 파악한 프로메테우스는 아테나와 헤파이스토스에게서 여러 가지 기술과 과학 지식 그리고 불을 훔쳐 인간에게 선물했다. 이런 선물에 힘입어 인간은 신의 존재를 알 수 있는 유일한 피조물이 되었고, 제단을 세워 신을 기렸다. 인간은 발전을 거듭했다. 의복을 만들었고, 집을 지었고, 무기를 만들었다. 인간은 차츰차츰 이 세상의 주인으로 떠올랐다. 그러나 절도 혐의로 벌을 받은 프로메테우스의 처지는 고약하기 짝이 없었다. 제우스가 프로메테우스에게 직접 벌을 내렸다. 프로메테우스는 카우카소스 산 정상에 쇠사슬로 묶여 영원히 독수리에게 심장을 쪼아 먹히는 형벌을 받았다. 신성모독의 죄를 저질렀다는 이유로, 인간에게 은혜를 베풀었다는 그 이유로.

무히카는 이렇게 설명한다. "프로메테우스는 자연으로부터 독립된 문화를 세우려다 실패했다. 바벨탑을 세우려다 실패한 사람들도 프로메테우스와 같은 사람들이다. 현재를 사는 우리도 그렇다. 우리는 자연으로부터 또 신으로부터 독립된 문화를 세우려고 한다. 우리는 일흔 살 나이에도 자식을 가지려 하고, 별다른 의미도 없이 수명을 늘리려 한다. 바로 이런 것이 '지브리스(gibris)'가 아니겠는가. 무분별, 오만 말이다. 우리는 오만하게도 우리가 결코 넘볼 수 없는 것을 탐내고 있는 것이다."

모든 처벌에는 복수심이 내포되어 있다. 처벌을 '복수에 대한 합리적인 욕구' 정도로 정의할 수 있을 것이다. 우리는 지금 화를 내지 않고 침착하게 처리하는 행위에 대한 이야기를 하고 있다. 이런 일을 할 때에는 균형이 중요하다. 잘못을 저지른 사람은 처벌을 받아야 한다. 피해자는 가해자가 처벌을 받을 것이라는 사실을 알면 안심한다. 범죄는 처벌받아야 마땅하다.

그래야 더 이상의 범죄를 예방할 수 있다. 그래야 사회도 안전하게 된다.

분노가 커지면 사람을 죽이고 싶은 심정까지 불러일으킨다. 무분별한 행동을 유발한다는 말이다. 우리가 범죄행위로 인하여 얼마만큼의 피해를 입었느냐 하는 것보다는 우리가 그 피해를 어떻게 받아들이느냐 하는 것에 따라 처벌이 달라질 수 있다. 그러니까 분노는 자존심에 따라 다르게 나타날 수 있는 것이다. 출입구로 들어설 때 다른 사람에게 먼저 양보하지 않으면 보통 사람들은 예의가 없다고 나무랄 것이다. 성질이 괴팍한 사람은 그런 일만 가지고도 칼을 빼들고 죽자 살자 달려들지도 모른다.

골드만은 이렇게 말한다. "유대 전통에서 '탈리오 형벌(피해를 입으면 똑같은 식으로 앙갚음을 하는 것)'도 경우에 따라서는 측은지심을 발휘한다. '눈에는 눈, 이에는 이'라고는 하지만 어느 정도 한계가 있다. 예를 들어보자. 벌을 준다고 눈이 하나밖에 없는 사람의 눈을 빼버린다고 하자. 이것은 눈이 두 개 있는 사람의 한쪽 눈을 빼는 것하고는 차원이 다른 문제다. 애꾸눈을 장님으로 만들 수는 없는 노릇이 아닌가. 여기서 벌금을 물리는 방법이 강구되었다. 즉 가해자가 피해자에게 금전적으로 보상을 하는 것이다. 이렇게 하면 복수를 하지 않으면서도 가해자에게 고통을 주어 처벌할 수 있다."

처벌에는 교육적이고 감화적인 요소가 있다. 이 점을 간과해서는 안 된다. 사형은 죄인을 감화시킬 수 있는 여지를 남겨두지 않는다. 진보적이고 합리적인 사람들은 이렇게 주장한다. 처벌은 죄로부터 죄인을 살려내기 위해 존재하는 것이다. 이런 말을 들으면 기분이 어떨까. "당신은 살인자는 아니다. 그러나 사람을 죽인 인간이다." 풀어보면 이런 뜻이다. "당신은 다른 사람들과 똑같은 사람이다. 당신은 당신의 유전자나 피부색이나 조상들 탓에 살인자가 된 것은 아니다. 그러나 당신은 당신의 자유를 잘못 사용해 사람을 죽였다." 죄는 미워하되 사람은 미워하지 말라고 했던가. 죄와 죄인은 따로따로 분리할 수 있다. 우리는 죄로부터 사람들을 떼어놓기 위해 분투하고 있다. 우리는 우리 사회에서 죄를 추방하기 위해 갖은 노력을 다 기울이고 있다. 교육도 시키고 타이르기도 하면서 말이다.

무히카는 이렇게 말한다. "사형제도의 가장 큰 문제는 피의자를 특정인으로 취급한다는 점이다. 중세 사람들은 다른 사람들을 특정인으로 취급하지 않았다. 언어는 모든 사람들이 공통으로 사용하는 것이다. 한 사람만이 사용하는 언어란 있을 수 없다. 그러나 천재들은 특정인 취급을 받을 자격이 있다. 모차르트와 베토벤 중 누가 뛰어난 작곡가인가? 그건 알 수 없다. 두 사람을 서로 비교할 수 없기 때문이다. 법이 항상 정의를 실현하는 것은 아니다. 문제는 바로 이것이다. 판사는 법률 앞에서 피의자를 특정인으로 취급해야 한다. 법률은 크게 두 가지로 나눌 수 있다. 처벌을 우선시하는 법률이 있고, 교정을 중요시하는 법률이 있다. 처벌을 우선시할 때 사형이 용납된다. 사형이란 동정심이 결여된 무자비한 처벌이다."

사형이란 아주 고약한 제도이다. 사형은 범죄자와 범죄를 구분하지 않는다. 우리는 범죄자를 처형하면서 내친 김에 그 범죄까지 처형한다. 사형이란 이런 것이다. 그러나 우리는 여전히 혼란스러워한다. 기준이 없어서 혼란스러운 것이 아니다. 너무나 지나친 행동을 하기 때문에 혼란스러운 것이다.

인종에 관한 이론에 있어서도 이런 문제가 발생한다. 우리는 어쩔 수 없이 타고난 우리의 육신 때문에 욕을 먹기도 한다. 1876년에 이탈리아의 의사 체사레 롬브로소가 『범죄적 인간』이라는 책을 출판했다. 롬브로소는 진화론과 인류학 이론에 의거해 383명의 죄수들을 연구하여 얻은 기준을 바탕으로 범죄행위의 원인을 설명했다. 롬브로소는 범죄자들을 세 가지 유형으로 나누었다. 첫째, 선천적인 범죄자 유형이 있다. 미개 상태로 퇴행한 범죄자들이다. 그러니까 진화의 가장 낮은 단계를 벗어나지 못한 사람들이다. 둘째, 정신이상에 걸린 범죄자들이 있다. 정신적으로나 육체적으로 병에 시달리는 사람들이다. 마지막으로 범죄 성향이 잠복해 있는 사람들이 있다. 이런 사람들은 평소에는 특별하게 잘못된 성향을 보이지 않지만 어느 순간 갑자기 정신적으로 혹은 감정적으로 충격을 받으면 범죄를 저지른다.

롬브로소는 자신의 '범죄인류학이론'을 바탕으로 다음과

같은 결론을 내렸다. 선천적 범죄자에게서 볼 수 있는 물리적 특징은 18가지가 있다. 다음과 같은 것들이다. 두상의 크기와 형태에 있어서의 편차, 범죄자가 속한 인종과 지역, 얼굴의 불균형, 지나치게 큰 턱과 광대뼈, 시력 이상, 지나치게 크거나 작은 귀, 비틀어지거나 굽거나 콧날이 들려 콧구멍이 훤히 들여다보이는 코, 두툼하고 툭 튀어나온 입술, 축 처진 뺨, 기타 등등.

한마디로 우리의 인종(人種) 자체를 따지는 것이다. 우리는 우리가 속한 인종에서 벗어날 길이 없다. 만일 내가 흑인이라면 나는 게으르고 멍청하다는 소리를 듣고, 급기야 도둑으로 몰릴 가능성이 높다. 다른 무엇보다 먼저 내 피부색이 나를 규정하는 것이다. 내가 할머니에게 칼질이나 할 살인범처럼 보이는 신체적 특징을 가졌다면 변명의 여지가 없어진다. "무슨 말씀이세요. 저는 할머니를 너무너무 사랑합니다. 몇 년 전부터 정성껏 모시고 있단 말입니다." "그래도 소용없어. 두상을 보니까 할머니에게 칼질이나 할 것 같은데 뭘 그래. 더 이상 왈가왈부할 필요 없어."

범죄행위가 유전자와 밀접한 관련이 있다는 생각. 위험한 발상이다. 그렇다면 무슨 수술이라도 받아서 범죄행위를 유발할 수 있는 유전자를 제거해버려야 한단 말인가. 알코올 중독이나 포르노잡지 중독을 치료하는 것과는 차원이 다른 문제다. 우리더러 이렇게 저렇게 살아야 한다면서 우리의 자유를 제한하는 행위인 것이다. 우리가 처해있는 상황은 불안하기 짝이 없다. 예를 들어보자. 가톨릭의 몇몇 대주교들은 동성애를 병으로 간주한다. 내가 녹내장에 걸렸다고 하자. 녹내장을 치료한다는 명목으로 커피를 끊으라고 하면 그게 말이 되겠는가. 롬브로소의 이론을 현대 유전공학에 적용하면 대체 무슨 일이 벌어질지 심히 걱정스럽다.

이 세상에는 화를 잘 내는 민족이 따로 존재한다? 이건 문제를 너무 단순화시키는 발언이다. 우리는 다양한 문화권에서 다양한 형태로 살아가는 수많은 사람들을 분석해보아야 한다. 스페인 사람들에 대해 한번 생각해보자. 스페인에 대한 연구 결과물을 보면 반성을 해야겠다는 생각보다 우선 화가 치민다. 스페인 사람들은 사랑을 위해서라면(일방적인 사랑일지라도) 폭력도 불사한다고 한다. 특히 스페인에서는 가정 폭력이 자주 발생한다. 스페인 작가 라파엘 산체스 페를로시오가 몇 편의 글에서 묘사했듯이, 화가 난 사람들의 행동은 실로 위험하다. 그러나 그보다 더 위험한 것은 그들의 행동을 인정해준다는 것이다. 우리나라에서는 누군가가 분통을 터뜨리다 총을 쏜다고 해도 당연한 일로 받아들일 것이다. 우리나라 사람들은 아주 위험하다. 우리나라 사람들은 온갖 이유를 들이댄다. 자신의 분노가 일시적인 흥분이 아니라 하느님을 대신한 분노라고 주장하기 위해서 그러는 것이다. 이런 식으로 처신하는 사람들은 무시무시한 재앙을 가져올 수도 있다. 산체스 페를로시오의 경구 한 마디를 들어보자. "보통 사람에게 잔인한 짓을 하도록 부추기고 싶은가. 그런 일을 해도 괜찮다는 확신을 심어주기만 하면 된다."

나치 당원들을 예로 들어보자. 나치 당원들은 짐승만도 못한 인간들이었다. 하지만 그들 스스로는 자신의 임무를 수행하는 신사라고 생각했다. 독일제국의 법을 준수했던 관료들은 선을 행한다는 확신을 가지고 있었던 것이다. 그들은 이런 확신을 가지고 자기 자신뿐만 아니라 남들 앞에서도 당당하게 행동했던 것이다.

우리는 분노로 무장하고 우리의 욕구를 정당화시킨다. 우리는 우리의 욕구를 가로막는 것을 용납하지 못한다. 자신의 계획이 인류를 위해 필수 불가결하다고 느끼는 사람들이 화를 잘 낸다. 서구 사회를 한번 들여다보자. 고속도로나 일반도로에서 다른 차들에게 추월당하거나 아니면 방해를 받으면 운전자들은 그것을 자신에 대한 인신공격으로 간주하여 욕을 퍼붓고, 시비를 걸고, 심하면 주먹다짐까지 나눈다. 욕설을 퍼붓고, 핏대를 올리고, 잡아먹을 듯이 달려든다. 그럴만한 이유가 있다고 생각하기 때문이다. 상대방이 고의로 앙심을 품고 그랬다고 확신하기 때문이다. 그와는 달리 일본의 거리 풍경은 전혀 딴판이다. 어디를 가든 마찬가지다. 일본 사람들은 추월을 당하거나 방해를 받아도 그걸 교통체증으로 인한 당연한 결과로 생각하는 것이다. 일본 사람도 인간인지라 짜증이 나는 바람에 어느 정도 신경질을 부리며 집으로 돌아갈 수 있다. 그러나 모든 사람들이 작당을 해서 자신을 골려먹으려 했다고는 생각하지 않는다. 극히 우연찮은 일로 지나치게 엉뚱한 생각에 빠져드는 사람들이 있다. 신나는 주말을 보내기 위해 계획을 짜놓았는데 비가 내린다고 하자. 이런 사람들은 기후가 유독 자기에게만 해코지를 놓는다고 생각한다.

역사를 살펴보면 이런 사람들을 많이 만나볼 수 있다. 페르시아의 제르제스 왕(다리우스 1세의 아들)이 그리스를 침공하기로 결심했다. 왕은 군대를 이동시키기 위해 헬레스폰트 해협(다르다넬스 해협)에 전함을 줄줄이 묶어 다리를 놓으라고 지시했다. 그러나 넘실대는 물결로 인하여 작업은 처음부터 난관에 부딪혔다. 그러자 화가 치밀어 오른 왕은 쇠사슬로 바다를 300번 채찍질하고 시뻘겋게 달아오른 철창으로 바닷물에 낙인을 찍었다. 그리고 이렇게 외쳤다. "이놈의 빌어먹을 바다, 네 주인을 거역한 죄로 네놈에게 벌을 내리노라." 이걸로 끝이 아니었다. 왕은 다리 공사에 참가했던 군인들의 목을 모두 잘라버렸다. 잔뜩 화가 난 왕은 이성을 잃어버렸던 것이다. 군대가 건너가지 못하도록 하기 위해 바다가 농간을 부린다고 생각했던 것이다. 그러나 그런 말도 안 되는 일을 저질렀지만 왕은 부하들로부터 환호를 받았다. 역사가 헤로도토스는 이렇게 기록했다. 왕의 군대는 2백5십만 명의 전투원과 5백만 명의 비전투원으로 구성되었다. 한편 페르시아 군대는 에스트

리몬 강변에서 신에게 제사를 드릴 때 백마(白馬) 수십 마리를 희생 제물로 바쳤고, 일곱 명의 소년과 수십 명의 소녀를 산 채로 땅에 묻었다. 하지만 그런 엄청난 짓도 결과적으로는 아무 소용이 없었다. 결국 페르시아 왕은 그리스인들에게 대패하고 말았던 것이다.

참아야 한다, 그러나 참는데도 한계가 있다

분노의 반대는 인내일 것이다. 무히카는 이렇게 설명한다. "부정행위를 보고도 참으며 대항하지 않으면 부정을 저지르는 사람의 공범이 되고 만다. 부정한 사태가 벌어지면 우리는 무슨 행동을 취해야 한다. 그것이 우리의 의무이다. 그저 팔짱만 끼고 있으면 안 된다. 누군가가 나를 착취하면 나는 참고 견딜 수 있다. 그러나 다른 사람이 착취당하는 꼴을 보면 나는 참지 못한다. 인내는 나 자신의 선택이다. 하지만 나는 나 자신에 대해 책임을 져야 한다. 나는 내 삶을 선물로 받았다. 나는 내 삶을 충만하게 살아야 한다. 우리는 우리 모두를 위해 덕을 행하고 선을 베풀어야 한다. 그런데 아무런 일도 하지 않고 그저 참고만 있으면 나는 내 자신의 삶을 제대로 살아가지 못하는 것이 된다. 삶이 내게 요구하는 것을 제대로 행하지 못할 때 우리는 부정한 사람이 된다."

나는 참을성이 부족한 사람이다. 어느 정도 삶을 살아가다 보면 삶의 현실에 눈을 뜨게 된다. 내가 사는 현실을 감안해 살아가다 보면 덕을 행할 수 있게 된다. 그러나 현실을 제대로 살펴보지 못하면 악한 행동을 하게 된다. 우리가 행하는 일, 또 그 일로 인하여 발생하는 일보다 우리는 우리 자신을 더 중요하게 생각한다. 삶의 경륜이 쌓이게 되면 우리는 우리 자신의 진정한 능력에 대해 깨닫게 되고 또 우리가 앞으로 어떻게 될지도 알게 된다. 사실 나라는 사람은 인내라는 면에서는 덕이 없는 사람이다. 그렇다고 참을성이 강한 사람을 미워하지는 않는다. 나는 지금까지 살아오면서 수많은 사람들에게 분통을 터뜨렸다. 그렇지만 그 사람들을 길거리에서 만나기라도 하면 깍듯한 인사도 빼놓지 않는다. 무슨 이유로 이러는 것일까? 내가 원래 뒤끝이 없는 사람이어서 그러는 걸까, 아니면 그저 기억력이 형편없어서 그러는 걸까. 잘 모르겠다.

글을 쓸 때에도 이와 비슷한 일이 벌어진다. 무슨 일이 생기면 나는 불같이 화를 내며 컴퓨터 앞으로 달려들곤 했다. 그러나 경험이 내게 소중한 것을 가르쳐주었다. 참아야 한다고, 이삼일 정도는 기다려야 한다고, 화를 가라앉히고 마음을 차분히 해서 글을 써야 한다고. 그런데 재미있는 점은 내가 화가 나서 쓴 글을 독자들이 더 재미있어 한다는 사실이다.

건설적인 인내도 있다. 오늘이나 내일 사이에 해결하지 못할 일들이 많이 있는 것이다. 우리는 이 점을 유념해야 한다. 금융 시스템에서 문제점을 발견했다고 하자. 어떻게 해야 할 것인가? 은행직원들을 모조리 은행 건물 안에 가두어둔 채로 불을 싸질러버려야 할 것인가? 아니다. 정당(政黨)에 호소해서 기존의 금융 시스템을 개혁하여 사회 전체에 유익한 제도와 법률을 새로 만들어달라고 하는 것이 더 좋은 방법이다. 이렇게 하다보면 분명히 시간은 많이 걸릴 것이다. 그러나 재벌들이 모이는 클럽에 폭탄을 터뜨려 그들을 모두 날려버리는 것보다는 더 효과적인 방법이다. 당장 분통이 터지더라도 최선의 방법을 찾을 때까지 참아야 한다. 바로 이런 것을 두고 건설적인 인내라고 하는 것이다. 하지만 그저 무감각해서 아니면 무기력해서 참는 것이라면 그건 당장 분통을 터뜨리는 것보다 더 형편없는 태도이다.

참다보면 언젠가는 개혁운동에 뛰어들어 상황을 호전시킬 기회가 올 것이라고 믿고 참는 것은 좋다. 그러나 그러다가 변화에 대한 희망을 어느 순간 포기하게 되면 어떻게 되겠는가? 그보다 더 비참한 일은 없을 것이다.

다음과 같은 경우를 한번 생각해보자. 핼리팍스 경(예전에 인도 총독을 지낸 양반이다)이 영국의 외무장관 자격으로 히틀러를 방문했을 때의 일이다. 독일 총통은 영국 장관에게 인도에서 벌어지고 있는 일을 도무지 이해할 수 없다고 고백했다. 영국과 같은 대제국이 어떻게 마하트마 간디라는 한 사람 손에 농락당할 수 있느냐. 영국 장관은 히틀러에게 간디의 도덕적인 영향력에 대해 열심히 설명했다. 그러자 히틀러는 영국 장관의 말꼬리를 잘라먹고 다음과 같이 주장했다. "그렇다면 인도 사람 2백 명을 골라서 사람들이 보는 앞에서 총살시켜버리시오. 만일 다음날에도 데모를 계속한다면 4백 명을 총살시키고. 그런 식으로 하다보면 문제는 해결됩니다." 간디의 인내도 핼리팩스 경의 인내가 없었으면 무용지물이었을 것이다.

홀로코스트(나치에 의한 유대인 대학살)에 대한 유대인 평의회의 책임 문제도 논란이 되고 있다. 당시 유대인 평의회는 오로지 인내만 강요하며 히틀러에게 대항하지 않았다. 인내도 누구를 상대하느냐에 따라 그 정도가 달라진다. 간디와 같은 인내는 대영제국을 상대로 해서는 효과를 나타냈지만, 만일 그 상대가 히틀러였다면 소용없었을 것이다.

골드만의 설명을 들어보자. "유대교에서 인내는 수동적인 태도가 아니라 능동적인 행위이다. 참는다는 것은 지혜를 갖추고 행동으로 나설 적절한 시기를 기다린다는 것이다. 적절한 시기를 참고 기다리는 것은 능동적인 행위이다. 인내의 목표는 보다 효율적인 성과를 거두는 것이다. 그러나 우리가 생각하는 평화는 한쪽 뺨을 맞았을 때 다른 쪽 뺨마저 내미는 것이 아니다. 우리는 폭력적인 정권에 대항할 적절한 시기를 포착해야 한다. 우리는 바르샤바 게토에서 일어났던 저항을 기억한다. 게토에 살던 사람들은 모두 저항이 성공하지 못할 것을 알고 있었다. 그러나 사람들은 저항을 일으킬 적절한 순간이 오자

주저하지 않았다. 바르샤바 게토에서의 저항은 이 세상에 만연한 부조리에 대한 가장 모범적인 저항이었다. 당시 게토 사람들은 실제적으로는 패배했지만, 수동성에 대한 항거라는 의미에서는 결과적으로 승리를 거두었다. 유대교가 강조하는 것은 어떻게 해서라도 살아남는 것이 아니라 제대로 사는 것이다. 노예의 삶은 삶이 아닌 것이다. 이런 의미에서 바르샤바 게토의 저항은 영원히 기억될 것이다."

동서고금을 막론하고 젊은이들은 인내심이 부족하다. 젊은이들의 특징은 이 한마디 말로 표현될 수 있다. "세상에 이럴 수는 없다." 그러나 실제로는 이럴 수도 있고 저럴 수도 있다. 세상 사는 이치가 다 그렇고 그런 것이기 때문이다. 어쨌든 우리는 세상사를 바로잡기 위해 노력해야 한다. 하지만 우주의 질서를 바꿀 수는 없는 노릇이다. 아무리 역겨운 일이라도 벌어질 일은 벌어지게끔 되어 있다. 그렇다고 될 대로 되라고 포기하자는 얘기는 아니다. 10초만 지나면 해결되는 문제도 있고 몇 달 몇 년이 걸려야 해결되는 문제도 있다. 우리가 해야 할 일은 그 기간 동안 문제를 해결하기 위해 열심히 노력하는 것이다.

인내의 결과를 보기란 매우 어렵다. 자식들은 어떨까. 자식들은 죽는 순간까지는 볼 수 있으니 어느 정도 내가 들인 노력의 결과를 볼 수 있을 것이다. 대학 교수로 학생들을 가르쳐본 경험이 있는가. 학생들은 1년 정도 나와 함께 생활하다가 어느 순간 내 인생에서 사라져버린다. 그래서 내가 참고 참으며 학생들을 가르친 보람이 있는지 없는지 알 수 없다. 우연히 길거리에서 내가 옛날에 가르쳤던 학생을 만날 수도 있다. 학생은 이렇게 말할지도 모른다. "일전에 말씀하신 책을 읽어보았는데요, 무슨 이유로 그런 책을 추천해주셨는지 모르겠던데요." 하기야 이런 경우가 어디 그리 자주 있는 일인가.

가르치는 일에 오래 종사하다보면 정신분열증에 걸리기 십상이다. 비율로 따져볼 때 모든 직장인 중에서 선생들이 정신병에 걸린 확률이 가장 높다. 쥐꼬리만 한 봉급에 사회로부터 제대로 대접도 받지 못하는 선생들은 싸가지라고는 전혀 찾아볼 수 없는 학생들을 상대해야 한다. 학급을 정상적으로 운영하기 위해 조금이라도 성질을 부리면 감독관이 나와 조사를 벌이고, 성질 급한 학부모는 우리 불쌍한 자식에게 무슨 짓을 저질렀느냐며 따지고 든다. 어느 정도 체벌(體罰)이 필요하다고 주장하는 선생들은 오늘날 설 자리가 없다.

물론 교육자라면 무작정 화만 내서는 안 된다. 처벌을 할 때에는 왜 처벌을 하는지 그 이유를 설명해야 한다. 그럼에도 불구하고 인내심을 가지고 학생들을 가르치려는 선생들이 아직까지 존재한다. 나름대로 교사로서의 권위를 지키기 위해 경우에 따라 체벌을 가하는 선생들도 존재한다. 그러나 대부분의 선생들은 모든 것을 포기해버렸다. 동료 교수들과 선생들은 내게 이렇게 말한다. "학생들이 수업 시간에 귀에 이어폰을

끼고 뭔가를 듣고 있어도 나는 신경 쓰지 않네. 그러나 책상 위로 뛰어오르거나, 음악소리를 크게 틀어놓거나, 옆에 앉은 여학생과 수작을 부리거나 하면, 얼마나 정신이 산란한지 원! 놈들이 정신을 차리기를 기대하지는 않아. 수업 진행에 지장만 주지 않으면 그냥 참고 종료 종이 울릴 때까지 계속 수업을 하는 거지 뭐."

내가 대학교 1학년 때 만난 교수님 한 분이 기억난다. 무던히도 인내심이 강한 분이셨다. 그 분은 문학을 강의하셨는데, 나는 조금도 흥미를 느낄 수 없었다. 문학이라면 무척이나 열을 올렸지만 그 양반 수업은 따분하기 짝이 없었던 것이다. 그럼에도 나는 그 교수님에게서 기가 막히게 유용한 것을 하나 배울 수 있었다. 그 분은 첫날부터 우리 학생들에게 타자치는 법을 배우도록 강요했던 것이다. 어떠한 변명도 용납하지 않았다. 교수님은 끈질기게 타자를 배울 것을 강조하고 또 강요했다. 진절머리가 날 지경이었다. 결국 나는 교수님의 강요에 못 이겨 타자기를 한 대 사서 독수리 타법으로 타자치는 법을 배우기 시작했다. 그 교수님의 수업 내용은 하나도 기억나지 않지만, 나는 그 교수님 덕분에 내 평생에 가장 유용하게 써먹을 수 있는 기술 한 가지를 배울 수 있었던 것이다.

慢食慾怒
驕貪貪念
貪貪念嫉
念怠妬

淫慾
怠妬

사탄의 두 여자 친구가 작가에게 데이트를 신청한다

05

사탄의 두 여자 친구가 작가에게 데이트를 신청한다

사탄 : 작가 양반, 어서 오시오. 마침 잘 오셨소이다. 오늘밤 여자 친구들과 데이트를 즐기려던 참인데, 작가 양반이 오실 거라고 했더니 다들 좋아하더구먼요. 말이 씨가 된다더니 원. 옳거니! 책을 써서 돈도 많이 벌었을 테니, 오늘 한턱내시구려.

작가 : 유감입니다만, 다음 기회로 미루면 어떨까요. 물론 탐식에 대해 얘기를 나눌 수도 있겠지만, 그걸 핑계 삼아서 먹으러 가기는 좀 그렇지요. 오늘은 음욕에 대해 얘기를 좀 나누어볼까 합니다. 여자 친구 분들을 소개시켜줄 필요는 없습니다. 성과 음욕 문제를 다룬다는 것은 어쩌면 구태의연한 얘기인지도 모르지요. 요즘에는 순결에 대해 얘기하기보다는 부끄러움에 대해 얘기해야할 것 같습니다. 성을 무슨 예술로 생각하는 사람들이 있거든요. 우아하면서도 섹시한 옷을 차려 입은 여자와 브래지어만 걸치고 길모퉁이에 서 있는 거리의 여자 중에서 한 사람을 고르라면 나는 첫 번째 여자를 취하겠습니다.

사탄 : 이런 경우라면 두 번 다시 생각하고 말고 할 것도 없어요. 나라면 두 여자 다 고르겠소. 그런데 왜 사람들은 음욕과 성을 나와 결부시키는지 그 이유를 모르겠단 말이야.

작가 : 사람들이 오해하는 것이지요.

사탄 : 자유분방한 성, 거침이 없는 성생활, 거 얼마나 신나는 일이요.

작가 : 즐기는 거야 나쁠 것 없지요. 그러나 상대방의 의사를 무시할 경우에

는 문제가 생기고 욕을 먹기도 합니다. 육체적으로나 정신적으로 피해를 주게 된다면 말이지요.

사탄 : 아냐, 아냐, 아냐, 아냐. 중요한 것은 쾌락이요. 다른 것은 부차적인 문제야. 우리는 쾌락만 추구하면 그만이야.

작가 : 이런, 이런. 사탄 양반, 당신 생각은 청교도들 생각과 아주 흡사합니다그려. 당신은 쾌락을 최고로 치고 청교도들은 성에 있어서 쾌락을 최악으로 치기는 하지만 말입니다.

사탄 : 이보시오, 철학자 양반! 열정과 정열을 가지고 육체적으로 또 정신적으로 성에 탐닉하는 것보다 더 건강한 것이 있단 말이요? 성은 건전한 겁니다. 성은 우리의 식욕을 북돋우고 상상력을 부추깁니다.

작가 : 좋습니다. 지옥에서야 어떻게 생각하는지 나로서는 모르는 일이지요. 하지만 이곳은 다릅니다. 시도 때도 없이 밤낮으로 섹스에만 매달리는 불쌍한 사람들은 뭔가 잘못알고 있는 겁니다. 솔직히 말해, 심장병이라도 앓는 사람들에게는 실로 치명적입니다.

사탄 : 아하, 이제야 알겠군! 자유의 수호자께서 인간의 쾌락과 행복에 제동을 걸겠다는 말씀이로군. 이것도 조심해라, 저것도 조심해라…….

작가 : 요즘 세상은 어떻게 하면 섹스를 잘하나 그것만 연구하고 있는 것 같습니다.

사탄 : 아니 섹스를 즐기고 성적 능력이 뛰어나 칭찬을 받는 게 뭐가 어떻단

말인지 원!

작가 : 이런 경고도 생각해보셔야지요. "하루라도 섹스를 하지 않으면 당신은 경쟁력이 없는 사람이다. 당신은 현대인의 의무를 저버리고 있다."

사탄 : 오호라! 사람들은 너무 민감해. 그게 탈이야. 나는 스트레스라고는 모르고 사는데. 당신이 싫다고 하니 나 혼자서 여자 친구들을 만나러 가야겠군. 우리가 지금 나눈 얘기는 나중에 진지하게 생각해보겠소. 잘 가시오.

驕慢
貪食
貪慾
忿怒
淫慾
怠慢
嫉妬

5. 음 욕

淫慾

음욕은 가장 수치스러운 죄이기도 하지만 가장 매력적인 죄이기도 하다. 우리 모두는 음욕에 힘입어 이 세상을 살아간다.

하지만 무슨 이유로 음욕을 죄로 간주한단 말인가? 음욕의 어떤 점이 죄가 된단 말인가? 청교도와는 전혀 상관없는 우리들은 도대체 어떤 의미에서 과도한 음욕을 죄로 규정한단 말인가? 음욕에도 좋은 점이 있다면 그건 바로 쾌락이다. 나는 그렇게 생각한다. 쾌락은 좋은 것이다. 쾌락은 건강하고 바람직한 것이다. 그렇다면 음욕의 나쁜 점은 무엇인가? 우리는 우리의 쾌락을 위해 남들에게 피해를 입힐 수 있다. 순진한 어린아이들이나 경제적인 문제로 우리에게 굴복할 수밖에 없는 사람들을 이용해먹을 수 있다. 이것이 나쁜 점이다.

성 아우구스티누스를 비롯하여 많은 성인군자들이 섹스에 대해 말해왔다. 그러나 나는 우리가 이 세상에 고통을 받으려고 왔다고는 생각하지 않는다. 섹스는 오로지 종족번식을 위해 사용되어야만 하는 혐오스러운 도구가 아니다. 섹스는 인간관계를 맺어주는 다리이며, 재미없는 세상에서 그나마 누릴 수 있는 희열이다.

하지만, 우리가 지금까지 살펴본 모든 경우에서와 마찬가지로, 인간적인 면에서 볼 때 과도한 음욕은 이웃사람에게 피해를 줄 수 있다. 어린아이들과의 섹스는 죄악이다. 어린아이들을 다치게 하기 때문이다. 섹스를 즐기는 것은 나쁘지 않다. 그러나 타인에게 피해를 줄 경우에는 피해야 한다. 예전에는 섹스가 가져다주는 쾌락 그 자체가 비난받았지만, 요즘은 섹스로 인하여 발생할지도 모르는 피해와 고통 때문에 비난받는다. 죄를 보는 안목도 그만큼 진보했다고나 할까.

스페인의 경우를 예로 들어보자. 프랑코가 철권을 휘두르던 시절(지나치게 평화롭고 지나치게 엄격한 시절이었다)에 포르노그래피 등 검열관들이 부도덕하다고 판단한 것들은 엄격하게 금지되었다. 그래서 우리 스페인 사람들은 기회만 닿으면 수천 명씩 떼를 지어 국경을 넘어가서 금지된 영화를 구경했다. 그러다가 프랑코가 죽고 나자 스페인에도 포르노 전용극장이 우후죽순으로 생겨났다. 길모퉁이마다 하나씩 있는 꼴이었다. 사람들은 포르노 극장을 대박을 터뜨리는 사업으로 생각했다. 하지만 6개월이 지나자 개봉관 중에서 20퍼센트만 살아남고 나머지는 다 문을 닫았다. 사람들은 자유로이 선택할 수 있는 권리를 지니게 되자 자제심을 발휘하게 되었고, 그래서 포르노 영화보다는 점잖은 일반 영화를 선호하게 되었던 것이다. 우리는 포르노 영화를 보면서 즐길 수도 있다. 하지만 매번 끼니마다 이런 쓰레기 음식만으로 배를 채울 수는 없는 노릇이다. 무언가를 금지하면(알코올이나 마약과 마찬가지로) 우리는 더 하고 싶은 욕구를 느끼게 된다. 법을 침범하는 것만큼 기분 좋은 일은 없기 때문이다.

프랑스 모(Meaux)지방의 대주교 야곱 베니그노 보수에는 『정욕에 대하여』라는 자신의 책에서 사도 요한의 첫 번째 편지를 인용하고 있다. "이 세상이나 세상에 있는 것들을 사랑치 말라. 누구든지 세상을 사랑하면 아버지의 사랑이 그 속에 있지 아니하니, 이는 세상에 있는 모든 것이 육신의 정욕과 안목의 정욕과 이생의 자랑이니." 보수에는 죄 많은 우리 육신의 혐오스러운 면모를 보여준다. 낮 동안에는 우리를 뒤흔들고 밤 동안에는 우리를 어지럽히는 그 광기와, 그 열정과, 그 광란을. 성스러운 대주교는 이렇게 말했다. 죄는 육체와 밀접한 관계를 갖는다. 정신을 차리고 죄를 경계하지 않으면 그 불꽃이 너울거리는 강물 속으로 휩쓸리고 만다. 우리의 감각은 불안정하다. 우리의 욕구는 도저히 채워지지 않는다. 우리의 눈을 한번 생각해보라. 우리의 눈은 우리가 원하는 것을 하염없이 바라본다. 그럼 왜 원하는가? 그저 바라보기 위해서이다. 우리의 밑도 끝도 없는 호기심을 생각해보라. 우리의 교만함과 이기심을 생각해보라.

정욕으로 인한 절망적인 상황의 근본원인은 과연 무엇인가. 보수에는 이렇게 대답했다. "과연 누가 감각의 쾌락 이외의 것을 생각할 수 있단 말인가? 오히려 다른 것을 생각한다는 그 자체가 더 위험하지 않겠는가? 한 번 더 반복한다. 과연 누가 그것에 대해 말하겠는가? 그 생각을 할 때마다 저주하는 마음이 생기지 않겠는가? 오, 주여. 과연 누가 이 자연이 주는 무섭고도 부끄러운 재앙에 대해 이야기하겠는가? 정욕은 우리의 영혼을 우리의 육체와 꽁꽁 묶고 있다. 그 끈은 약한듯하면서도 질기기 짝이 없다. 우리는 웬만해서는 이 끈을 풀어버릴 수 없다. 그래서 인간 세상에 무시무시한 무질서가 만연한 것이다. 이 세상은 세 번에 걸쳐 저주를 받았다. 은밀한 정욕이 터져 나오는 곳에서 시커먼 연기가 끊임없이 뭉게뭉게 피어난다.

시커먼 정욕이 하늘과 빛을 가려버렸다. 하늘에서는 하느님의 정의가 천둥과 번개로 요동친다. 타락한 인간을 징벌하기 위해!"

보수에는 죄가 처음에 어떻게 생겨나게 되었는지 또 우리 조상들이 어떻게 해서 죄와 관계를 맺게 되었는지에 대해 설명한다. "우리 인간은 감각의 쾌락을 매우 이른 시기부터 경험할 수 있었다. '먹음직도 하고 보암직도 한' 금단의 열매. 그것만이 아니었다. 아담과 이브는 서로 힘을 합쳐 죄를 저질렀다. 그것은 감각이 저지르는 죄보다 더 무서운 죄였다. 그래서 우리는 이런 점을 염두에 두고 잘못된 길로 접어들었던 것이다." 우리들이 어린 시절에 품었던 생각과 비슷하다. 우리는 어린 시절에 그럴싸한 핑계거리만 있으면 죽자 살자 달려들었다. 옛날 속담이 많이 전해져 내려온다. 육신의 쾌락에 빠지면 곧바로 지옥으로 떨어진다고 한다. 그러나 우리는 이 말에 거역하며 살아왔다. 그것은 건강한 반란이었다. 굳이 사도 바울의 말을 꺼낼 필요가 있을까. 사도 바울은 이렇게 확신했다. "아내가 있는 남자들은 아내가 없는 것처럼 살 것이며, 남편이 있는 여자도 남편이 없는 것처럼 살아야 한다. 남편이나 아내나 지나치게 육체에 얽매여서는 안 된다(신약성경 고린도전서 7장 29절 이하 참조)." 명쾌하고도 솔직한 발언이다. 생각하지 않는 것처럼 생각하라, 결혼을 한 사람도 결혼을 안 한 것처럼 행동하라.

내가 어렸을 때에 가톨릭 계통 학교에서는 이런 말을 귀가 닳도록 들을 수 있었다. "이건 죄이기 때문에 해서는 안 된다." 나는 어렸을 때 도대체 무슨 이유로 마스터베이션(수음)이 문제가 되는지 도저히 이해하지 못했다. 그건 전적으로 개인적인 일이 아닌가 말이다. 그런데도 모든 사람들이 일일이 참견하며 심지어 그걸 죄라고 주장했던 것이다. 실로 어처구니없는 일이었다. 극히 개인적인 문제를 사회 전체의 문제로 간주하고 떠들어대는 것. 이것이 더 큰 문제가 아닌가.

골드만은 이렇게 묻고 대답한다. "인간과 동물의 차이점이 무엇인가? 이성이 있고 없음? 아니다. 인간은 매매춘을 일삼고 동물은 그렇지 않다는 것이다. 동물은 매매춘의 의미를 이해할 수 없다. 인간은 매매춘을 통해 성적인 쾌락 이상의 것을, 섹스 그 자체와는 다른 무언가를 얻는다."

섹스와 관련된 죄는 만일 금지된 사항만 아니라면 그 자체로는 죄가 될 수 없다. 마스터베이션을 하거나 자기 몸을 애무하는 일 따위를 금지시킬 수는 없는 노릇이 아닌가.

아부드의 말을 들어보자. "섹스는 이제 우리 모두의 문제로 등장했다. 섹스는 이제 단지 아이를 낳기 위한 행위만은 아니다. 이슬람교에서 성행위는 출산과 밀접한 관계가 있다. 그렇다고 해서 섹스 그 자체를 즐길 수 없다는 얘기는 아니다. 우리 이슬람교에서는 부부사이일 경우 섹스를 적극 권장하는 편이다. 이슬람 세계가 유럽에 알려지기 시작했을 때 유럽 사람들은 대부분 이렇게 생각했다. 우리 이슬람교가 섹스를 권장하고 일부다처제를 옹호하는 종교라고 말이다(물론 일부지역에서는 아직까지도 일부다처제가 성행하고 있다). 요즘 사람들은 섹스를 지나치게 중요하게 생각하는 경향이 있다. 성이 상품화되는 실정이다. 일상생활에서 성은 어느 곳에서나 불쑥불쑥 고개를 내민다. 성은 이제 강박관념이 되었다. 사람들은 젊음을 유지하기 위해 혈안이 되어 있다. 남자나 여자나 다를 바가 없다. 사람들은 늙어서도 매력을 잃지 않기 위해 갖은 애를 다 쓴다. 섹스의 영역에서 밀려나지 않기 위해 몸부림치는 것이다."

안녕, 섹스여, 이제 안녕

순결보다는 상대방을 존경하는 마음을 중요시해야 할 것이다. 가정폭력이라는 것을 생각해보자. 소위 '남성우월주의'에서 나오는 부조리 말이다. 우리는 섹스를 통해 상대방을 지배해서도, 강요해서도, 학대해서도, 무리한 요구를 해서도 안 된다. 그렇다고 섹스를 요상한 것이라고 해서 멀리해서도 안 된다. 우리는 섹스를 할 때 상대방을 일종의 수단 방법으로 취급하는 태도를 뿌리째 뽑아야 한다. 우리의 상대도 우리와 같은 인격체인 것이다. 섹스를 포기한 사람만이 순결을 중요하게 생각할 것이다. 그런 사람들은 성행위를 하지 않는 것을 미덕으로 생각한다. 섹스에도 긍정적인 성격이 많이 있다. 순결을 지키는 것도 좋다. 순결을 지킨다는 것은 행위를 하지 않는다는 것일 뿐이다. 당신이 섹스를 전적으로 포기한다면 그것은 당신이 섹스를 지나치게 중요하게 생각하기 때문이다. 당신은 끝까지 순결을 지키기 위해서 한시라도 그 문제를 잊어서는 안 된다. 당신은 섹스에 대한 강박관념에서 결코 벗어날 수 없게 된다. 섹스를 거부한다는 것은 섹스를 찬양하는 것과 같다고 할 수 있다. 성 안토니오가 발에 대해 얘기한 내용을 생각해보자. "발은 너무나 요염하다." 변명도 가지가지다. 포기한 것은 언제나 더 귀하게 보이기 마련이다. 평범한 성생활을 누리는 사람은 섹스 문제로 고민하지 않는다. 그러나 순결을 지키려는 사람은 그와 정반대다. 이런 사람은 섹스라는 문제를 앞에 놓고 빼도 박도 못하고 어물쩍거리고 있는 것이다.

나는 이 문제를 내가 쓴 『돈키호테를 잊을 수 있는 방법』이라는 책에서 살짝 비꼰 적이 있다. "순결의 기쁨에 대해서는 더 이상 말이 필요 없다. 순결의 기쁨은 너무나 당연한 것이기 때문이다. 그러나 우리는 곧 곤란한 지경에 빠지게 될 것이다. 수많은 난봉꾼들이 나타나 덤벼들 텐데, 이를 어찌 막을 수 있겠는가. 어떻게 해야 한단 말인가! 〈파괴 천사〉의 도입부를 보자. 식사에 초대된 음흉한 손님들은 식사 시간이 지루해지자 이런저런 대화를 나눈다. 누군가가 이렇게 지껄인다. '어떤 애가 처녀라고 하던데 말이지.' 그러자 상대방이 대답한다. '그건 또 뭔 소리야. 새로 유행하는 변태인가?' 이 새로 나온 변태는 유행이 되었고 그래서 많은 사람들이 저지르는 죄가 되었다. 도시 사회학을 전공하는 친구들이 내게 이런 얘기를 들려주었다. 요즘 아주 새파란 젊은이들은 예전에 유행했던 음담패설을 입에 올리지 않는다. 불과 몇 년 전만 해도 우리는 '성지강(성에 대한 지겨운 강박관념)' 따위를 들먹이며 키득거리곤 했는데 말이다. 덴마크에서 에로틱한 내용을 다룬 책자들이 많이 수입되는 바람에 그렇게 된 모양이다. 섹스 문제는 이제 끝까지 간 것 같다. 어떤 사람들은 집에 전기 바이브레이터를 구비해놓기도 하고, 풍선 인형을 껴안고 그 짓을 하는 사람도 있다. 그런 반면에 어떤 사람들은 혼자서 극장을 찾아가 북극해의 무인도에 관한 다큐멘터리 영화를 보기도 한다."

임신이 싫다

출산이라는 의미에서의 섹스를 포기한 사람들이 있다. 특히 선진국에서 이런 경향이 뚜렷하게 나타나는데 이는 미래를 위해 몹시 위험하다. 요즘 부부들은 자유를 원한다. 자기 자신의 삶을 원한다. 그래서 개인적으로 안락을 누리기 위해 아이들을 가지려고 하지 않는다. 출생률이 갈수록 감소하는 추세다. 연금 문제에도 빨간 신호등이 켜졌다. 연금을 불입하는 사람보다 연금을 타가는 사람들이 더 많이 늘어났다. 사회는 갈수록 노령화되고 있다. 사람들이 출산을 포기하게 되자 이민이 급증하게 되었다. 전 유럽이 이민 문제로 몸살을 앓고 있다. 유럽인들이 낳기를 거부한 자식 자리를 이민자들이 대신 차지하게 된 것이다. 이제는 새로운 혈통이 나타나고 있다. 문화, 사회, 경제가 서서히 변화하고 있다. 우리는 지금 그 변화의 문턱에 서

있는 것이다.

섹스가 출산의 짐으로부터 벗어나게 되자 섹스를 통한 놀이가 끝도 없이 생겨나게 되었다. 여자들과 사랑을 나누고, 남자들과 사랑을 나누고, 앞으로도 하고 뒤로도 하고, 이런 식으로도 하고 저런 식으로도 하고. 예전에는 죄로 간주되었던 오만 가지 방법이 활짝 꽃을 피우게 된 것이다. 기독교 전통에서는 섹스와 관련된 죄를 다음과 같이 세분화했다. 간음, 강간, 유괴, 근친상간, 신성모독, 부정, 자발적인 사정(射精), 그러니까 마스터베이션, 남색(男色) 그리고 수간(獸姦).

기독교에서는 인류의 자손번식과 영원한 생존을 중요시한다. 이런 이유로 기독교는 음욕을 금지한다. 음욕을 품고 몸으로 실천하는 행위는 기독교 교리에 비추어볼 때 공허한 행위이며 의미 없는 짓이다. 즉 사람들을 하느님으로부터 멀리 떼어 놓는 행위인 것이다.

음욕에도 한계가 있어야 한다. 특히 심장병을 앓고 있는 사람은 말할 필요도 없다. 우리는 섹스를 마치 무슨 의무인 것처럼 생각하는데 이는 대단히 위험한 사고방식이다. 섹스에 대해 강박관념에 빠진 사람들이 많이 있다. 성기능이 활발한지 혹은 불능은 아닌지, 상대방을 기쁘게 해줄 수 있는 능력이 있는지 없는지, 어떤 자세를 취해야 더 큰 기쁨을 누릴 수 있는지, 누워서 하는 것이 좋은지 엎드려서 하는 것이 좋은지, 이런 일들로 고민하는 사람들이 많다는 얘기다. 섹스의 노예가 되어버린 사람들. 한도 끝도 없이 섹스를 즐기려는 사람들. 섹스의 일인 자가 되고 싶어 하는 사람들. 이런 사람들은 상대방의 요구를 충복시키지 못하게 되면(혹은 자기 자신의 기대치를 달성하지 못하게 되면) 자신을 성적 불능자로 생각한다.

　미국 사람들은 섹스를 돈과 같이 여긴다. 나는 미국의 여러 대학에서 강의할 때 당혹스러운 경우를 자주 경험했다. 한번 생각해 보라. 유명하다는 교수나 철학자와 대화를 나누는 중에 이런 질문이 오고가는 것이다. "지금 입고 계신 셔츠 말인데요, 어디서 얼마에 사셨어요?" 나는 즉시 5달러에 샀다고 대답한다. 그러면 상대방은 어디로 가면 똑같은 셔츠를 2달러에 살 수 있는지 즉시 가르쳐준다. "돈을 함부로 낭비해서는 안 되는 거죠." 좋은 식당을 소개시켜줄 때는 이런 말을 한다. "음식을 다 먹지 않아도 됩니다. 남은 음식은 집으로 싸가지고 갈 수도 있거든요." 나는 참다못해 이렇게 면박을 준다. "싸가다니 뭘 싸갑니까? 나는 먹고 싶어요. 남은 음식을 차곡차곡 쟁이고 싶진 않단 말입니다." 그러면 이 사람들은 이렇게 생각한다. 이 친구 좀 보게나, 돈을 쓰려거든 본전을 차려야지, 뭘 모르는 친구로군.

　섹스에 있어서도 마찬가지다. 섹스는 이제 더 이상 레크리에이션이 아니다. 우리의 정신을 산뜻하게 해주는 행위가 아니다. 이제 섹스는 무시무시한 괴물이 되어버렸다. 만일 이런 생각을 가지고 섹스에 임한다고 하자. "그래, 꼭 해내야 한다. 남들보다 솜씨가 좋아야 한다. 내가 그 어떤 남자보다 더 힘 있는 사나이라는 것을 보여주어야 한다." 당신은 노이로제에 걸리고 말 것이다. 섹스는 힘든 노동과 마찬가지로 스트레스의 원인이 되고 마는 것이다.

간추려 얘기하자면 이렇다. 종족번식을 위한 섹스는 구경거리도 아니고 오락거리도 아니다. 그런데 놀랍게도 오로지 인간만이 종족번식을 위한 행위(섹스)를 사활이 걸린 문제로 여긴다. 섹스는 우리가 무의식중에 행하는 숨쉬기 운동과 다를 바가 없다. 그래도 우리는 바닷가 모래알처럼 많은 후손을 남길 수 있다. 섹스를 통한 재생산은 자연의 이치다. 아주 간단한 방법으로 자손을 낳는 것, 그게 정상이다. 성적인 즐거움을 찾고 말고 할 게 없는 것이다. 우리 인간이 대부분의 동물과 다른 점이 또 한 가지 있다. 우리 인간에게는 발정기라는 것이 따로 없다. 우리는 언제라도 섹스가 가능하다. 동물들은 다르다. 동물들에게는 짝을 짓는 시기가 따로 정해져 있는 것이다. 그래서 인간처럼 시도 때도 없이 정욕으로 시달리지 않아도 된다. 우리 인간은 종족번식이라는 섹스의 근본적인 존재 이유를 망각해버렸다. 우리는 섹스를 우리 삶의 필수불가결한 요소로 간주한다. 그래서 섹스가 없는 삶은, 그러니까 성욕이 감퇴하면 아무런 재미도 느낄 수 없게 된다. 살아도 사는 것 같지가 않은 것이다.

암컷 말을 주목해볼 필요가 있다. 암컷 말들은 일단 새끼를 배게 되면 수컷들을 쳐다보지도 않는다. 암컷이 새끼를 뱄는지

어쨌는지 여부를 알아내는 방법은 아주 간단하다. 수컷이 올라타려고 할 때 암컷이 거부하면 그 암컷은 새끼를 밴 것이다. 이제 바라던 새끼를 뱄으니 더 이상 수컷이 필요 없어진 것이다. 이로써 우리는 다음과 같은 사실을 알 수 있다. 동물들은 색을 밝히지 않는다. 물론 한도를 지키는 쪽은 암컷뿐이긴 하지만.

섹스와 쾌락이 신성(神聖)과 결부되어 있다고 생각하던 시대가 있었다. '사세르(sacer)'라는 단어는 '성스러운 것(sagrado)'이라는 단어에서 나왔다. '성스러운 것'은 그것이 신성한 것이든 사악한 것이든 '접촉할 수 없는 것'이다. 몇몇 문화권에서는 무녀(巫女), 즉 성스러운 창녀를 접촉할 수 없는 인물로 규정했다. 이 창녀들은 함부로 접촉할 수 없다는 의미에서 신성한 여자들이었다. 예를 들어보자. 고대의 풍년을 기리는 제사는 성적인 성격이 강했다. 그리고 이러한 제사들은 대부분 대지(大地)라는 강력한 여신(女神)에게 바쳐졌다. 메소포타미아에서는 신전의 가장 높은 곳에서 사제들이 무녀들과 관계를 가졌다. 수메르 사람들은 처녀의 동정을 좋지 않은 것으로 여겼다. 그래서 처녀들은 자신을 낳은 어머니들의 손에 이끌려 동정을 바쳐야 했다. 독신생활은 자연의 이치를 거스르는 짓이었다. 바빌로니아의 여자들은 평생에 최소한 한 번 이상 이슈타르 여신의 신전에서 생판 모르는 남자와 잠자리를 같이 해야 했다. 그리스에서 아프로디테 여신에게 바치는 제사는 항상 형편없는 난장판(주신제)으로 끝을 맺었다. 이 난장판의

주역은 다름 아닌 헤타이라, 즉 성스러운 창녀들이었다.

인상을 찡그리는 사람도 물론 있겠지만, 주신제만큼 인간의 솔직함을 볼 수 있는 기회는 다시없을 것이다. 주신제에서는 인간의 솔직함을 최고로 친다. 주신제에서는 인간의 이중성이 여지없이 드러난다. 평상시에는 감추어져 있던 우리의 본연의 모습이 그대로 드러나는 것이다.

『레알 아카데미아 사전』은 주신제를 먼저 이렇게 정의한다. "주신제는 무분별하게 먹고 마시며 엉뚱한 행동을 벌이는 축제이다." 디오니소스와 바커스에게 바치는 주신제는 그 시작부터 그야말로 사랑의 축제였다. 주신제에 참가한 사람들은 다산(多産)과 풍년을 기원하며 신들에게 선물을 바쳤다. 그러나 세월이 흐르면서 종교적인 기본 정신은 사라지고 쾌락적인 요소만 살아남았다. 로마의 주신제가 특히 유명하다. 로마 제국의 그 긴 역사 동안에 주신제는 때때로 기괴한 형국에까지 이르렀다.

이 세상에서 가장 역사가 긴 직업 중의 하나가 바로 매춘이다. 매춘도 상거래의 일종이다. 매춘부들은 몇 세기 전부터 기업체(규모가 크든 작든)를 갖추어 자신의 상품을 팔아 살아가고 있는 것이다. 매춘은 서비스 분야의 일환으로 생산 활동에 참여하고 있다. 역사를 한번 분석해보자. 수많은 통치자들, 정치인들, 종교 지도자들보다 매춘부들이 인류를 위해 보다 긍정적인 역할을 담당해왔다. 예외가 있다면 트로이의 헬레나 정도일 것이다. 그리스 신화에 의하면 헬레나는 레다가 제우스에게 강간당하고 나서 낳은 알들 중 하나에서 태어났다고 한다. 어른으로 성장한 헬레나는 남편이 메넬라오스를 저버리고 트로이의 왕자 파리스를 따라 도망간다. 그 이후에 벌어진 사건을 우리는 알고 있다. 볼프강 피터슨과 브레드 피트가 만든 영화 덕분에 이제는 모르는 사람이 없을 정도다. 그리스의 여러 나라는 그 불명예를 씻기 위해 연합하여 수년에 걸쳐 트로이를 포위하고 공격했다. 십년에 걸친 전쟁은 '트로이의 목마'라는 속임수로 끝이 났고, 헬레나와 파리스의 행복도 종말을 맞았다. 사건은 대학살로 막을 내렸다. 파리스는 죽고, 그의 형제 데이포보스는 미망인을 아내로 맞아 끝내 그리스인들에게 내주었다. 헬레나의 운명도 비참하기는 마찬가지였다. 헬레나는 메넬라오스를 따라 스파르타로 돌아왔다. 그러나 메넬라오스가 죽자 헬레나는 '부정한 여인'으로 낙인찍혀 펠로폰네소스 반도에서 추방당한다. 헬레나는 로도스 섬으로 도망치지만 로도스 섬의 여왕 폴리소의 사주에 의해 살해당한다. 그러나 일반적으로 매춘부들은 전쟁을 일으키지도 않았고, 마녀로 몰려 화형당하지도 않았고, 다른 사람들로부터 그렇게 큰 욕을 먹지도 않았고, 권력 주변을 얼쩡거렸던 지성인들부터 불신을 사지도 않았다. 오히려 매춘부들은 남자들의 일용할 양식이었다.

리베라 레텔리에르는 마음에 사무치는 이야기를 들려준다. "광부들은 이런 여자들과 사귀기 위해 무진 애를 썼다. 이런 여자들은 아주 특별한 여자들이었다. 광산 지대에서 대파업이 벌어졌을 때 돈이 떨어진 광부들은 매춘부들에게 꽃값(화대)을 지불할 수 없었다. 그러자 매춘부들은 임시적으로 일을 할 수 있는 지역을 찾아 떠나갔다. 이런 이야기가 있다. 한 매춘부가 있었다. 그녀는 공산주의자였다. 그녀는 어느 집회에 참석해 사람들에게 이렇게 연설했다. '우리 매춘부들은 자식들을 먹여 살리기 위해 커다란 솥에 밥을 끓입니다. 우리 자식들은 모두 이 솥에서 밥을 나누어먹습니다. 나도 이제부터 여러분들의 공동의 솥이 되고자 합니다. 누구든지 나를 찾아올 수 있습니다. 외상으로 해주겠습니다. 돈은 파업이 끝난 뒤에 지불하면 됩니다.' 그러나 그녀가 미처 생각지 못했던 것이 있었다. 파업이 무려 90일간이나 계속 되었던 것이다. 90일간의 파업 끝에 광부들이 얻어낸 것이라고는 고작 2.4%의 임금인상이었다. 그러자 그 매춘부는 채무자들에게서 전체 빚 중의 2.4%만 받아냈다. 그때부터 그 매춘부는 '2.4% 여인'으로 알려지게 되었다. 그녀는 분명 영웅적인 매춘부였다."

음욕(스페인어로 lujuria)을 영어로 번역하면 'lust(욕망, 갈망)' 정도가 될 것이다. 그런데 나는 'lust'라는 단어를 들으면 항상 'luxury(사치, 호사)'라는 단어가 떠오른다. 즉 '낭비', '허랑 방탕' 따위를 생각하게 되는 것이다. 의미론적인 의미보다는 그로 인해 파생되는 의미를 생각하게 되는 것이다. '낭비', '사치'라는 말을 들으면 조만간 섹스를 해야 할 것 같은 조바심이 일어나는 것이다.

慢
食慾怒慾
驕貪貪忿淫
怠慢
嫉妬

怠慢

사탄이 작가의 작업을 방해한다

06

사탄이 작가의 작업을 방해한다

작가 : 이거 웬일이십니까? 지금 일을 해야 하는데, 진짜 바쁘거든요.

사탄 : 당신이 무슨 노예라도 됩니까? 이거야 원, 대체 속을 알 수 없는 사람이로군. 말로는 자유를 외치면서 하루 종일 컴퓨터에 매달려 글을 쓴다느니, 강연을 다닌다느니, 정치모임을 가진다느니 한단 말이오? 만일 그리스 사람들이 당신이 하는 짓을 보면 놀라 자빠지겠구먼. 페르난도, 당신 뭔가 잘못 생각하며 사는 거 아냐?

작가 : 사탄 양반, 무슨 말을 그렇게 하시오? 당신이야말로 항상 헷갈리며 살면서. 그리스 사람들은 당신이 생각하는 것보다 훨씬 현명한 사람들이었소. 요즘 세상은 일을 하지 않으면 살 수가 없습니다. 그리고 또 우리는 즐거운 마음으로 일을 해야 합니다.

사탄 : 아리스토텔레스가 한 줌의 돈을 벌기 위해 하루에 8시간, 일주일에 5일간 일을 한다! 가관이로구먼! 당신은 지금 죄와 미덕을 혼동하고 있는 게야. 부지런히 일을 하라고? 그건 내 예전 주인의 속임수일 뿐이야.

작가 : 그렇게 발끈 화를 낼 필요는 없을 텐데요. 그건 나도 인정합니다. 아리스토텔레스도 일을 하라고 강요받았다면 하늘을 향해 꽥 하고 소리를 질렀을 겁니다. 그 양반도 일이란 노예들이나 하는 걸로 생각했거든요. 그렇다고 해서 그리스 시민들이 모두 하루 종일 빈둥거리며 지냈다고 생각하면 안 됩니다. 그리스 시민들도 당시의 시대적 상황

에서 유용하다고 여겨졌던 활동을 하고 지냈습니다. 생각하고, 토론하고, 공공의 문제를 협의하고, 또 적들을 맞아 싸우기도 했지요.

사탄 : 결국 당신도 인정하는구먼. 전쟁도 인간을 위해 유용한 것이라는 점을 말이지. 설마 비꼬는 건 아니겠지.

작가 : 그런 뜻이 아니랍니다. 당시 그리스 사람들은 전쟁을 중요한 행위로 보았습니다. 그렇다고 해서 인간들이 서로 맞붙어 죽고 죽이는 행위를 바람직한 것으로 보지는 않았어요.

사탄 : 친구 양반, 태만은 무서운 것이오. 죄라고 할 수 있지. 나는 그렇게 생각하오. 하지만 또 이건 어떻소? 지금 사람들은 일에 치어죽을 지경이란 말이지. 자신이 하는 일에서 어떤 즐거움도 찾지 못하고 하루종일 일만 하고 있단 말이지. 쉴 틈도 없이. 저 높이 계시는 양반의 말이 지금 생각나네. "네가 얼굴에 땀이 흘러야 식물을 먹을 것이다." 하지만 뼈가 빠지게 일해 봐야 얻는 게 뭐란 말이오? 병이나 얻어 걸리지. 당신들은 함정에 빠진 거야.

작가 : 물론 종일 일만 하는 것도 좋지 않겠지요. 그렇지요. 넘치는 것도 부족한 것도 옳지 않아요. 둘 다 제대로 일하는 사람들에게 방해가 됩니다. 치어죽을 정도로 일에 매달리는 사람과 손가락 하나 까딱하지 않는 사람은 별로 다를 바가 없단 말입니다.

사탄 : 항상 가르치려고 드는 당신 말투가 영 마음에 들지 않아. 말마다 말

꼬리를 잡고 늘어지니 원. 내 말대로 살면 얼마나 편한데.

작가 : 조심하시지요. 당신은 지금 태만을 변호할 뿐만 아니라, 조금 거만하게 보이기까지 하는데…….

사탄 : 이보시오. 나는 그렇게 한가한 사람이 아냐. 내가 지금 할 일이 없어서 당신과 노닥거리고 있는 줄 알아! 잘못이라면 잘못인줄 알 일이지. 당신은 지금 사람들을 헛갈리게 하고 있어. 소위 죄랄지 무분별한 욕구랄지 하는 것으로 조용히 인생을 즐기는 사람들이 얼마나 많은데. 당신과 시비를 다투다니, 시간이 아깝네. 그만 가서 쉬는 게 백번 낫겠다.

6. 태 만

대부분의 사람들은 게으름 때문에 생긴 문제로 골머리를 앓고 있다.

새뮤얼 존슨

태만은 무슨 일(창조적인 활동까지 포함하여)을 하는데 있어서 필요한 자극, 욕구, 의지가 부족할 때 나타난다. 태만은 의지가 얼어붙은 상태이다. 활동적인 존재로서의 우리의 기본 조건을 상실한 것이다.

어느 노인에 관한 재미있는 이야기가 있다. 이 노인은 게으른 어린 자식 때문에 골치가 아프다. 아들놈은 절대로 새벽에 일어나는 법이 없다. 어느 날 이른 새벽, 노인이 아들 방을 찾아가 아들을 깨우며 이렇게 소리친다. "이놈아, 아침에 일찍 일어나니 이 얼마나 좋으냐. 새벽 산책을 나갔다가 길에서 돈이 가득 든 주머니를 발견했단다." 그러자 아들놈은 이불을 뒤집어쓰며 이렇게 대답한다. "아버지보다 더 일찍 일어난 사람이 잃어버린 거겠죠." 이만큼 태만은 임기응변에 능하다. 변명거리가 많은 것이다.

태만한 사람은 한 사회 내에서 시민으로서의 의무를 지키지 않는 사람이다. 태만한 사람은 인격을 쌓을 수도 없다. 책을 읽기 위해, 영화를 보기 위해, 음악을 듣기 위해, 아름다운 석양을 보기 위해 시간을 내지 않는 사람은 태만한 사람이다. 인격을 수양하는데 게으름을 피우는 사람은 태만한 사람인 것이다.

아르헨티나의 풍자작가 로베르토 폰타나로사는 특이한 이론을 갖고 있다. "태만이야말로 위대한 문명을 불러일으킨 원동력이었다. 예를 들어, 힘도 쓰기 싫고 걷기도 싫은 사람이 바퀴를 발명했다. 우리의 생활을 편안하게 해주는 거의 대부분의 물건은 영악한 게으름뱅이가 발명했다고 나는 생각한다. 어떻게 하면 일을 줄일 수 있을까 생각하던 차에 그런 물건을 발명해낸 것이다."

에르난 리베라 레텔리에르는 자신의 첫 번째 책을 쓰기 위해 칠레 사막에 있는 혹독한 광산 지역에서 일을 하기도 했다. "칠레 북부의 팜파 지역에서 게으름은 일종의 사치였다. 나 자신을 스스로 판단해 보건데 나는 선천적으로 게으름뱅이인 것 같다. 나는 때때로 게으름을 피워도 좋다고 생각한다. 그러나 무사태평하게 굴어서는 좋지 않다. 게으름이 죄가 되는 것은 바로 무사태평에 빠지기 때문이다."

태만은 대체적으로 기후 조건 등 주변 환경과 밀접한 관계가 있다. 평균 기온이 20도인 지역에서 일하는 사람들의 활동량을 40도가 넘는 지역에서 일하는 사람들의 활동량과 단순하게 비교할 수는 없는 노릇이 아닌가.

> 지치기도 전에 쉬는 습관, 이것도 태만이다.
> 쥘 르나르

나는 '트레팔리움(trepalium)'이라는 단어의 어원(語源)을 알게 되면서 노동이 나쁘다는 사실을 발견했다. '트레팔리움'은 로마제국의 고문도구였다. '트레팔리움'은 땅바닥에 세 개의 말뚝을 박아 만든 삼각형 틀로 노예들은 이 틀에 묶여 체형을 받았다. 여기에서 파생된 단어 '트레팔리아레(trepaliare)'는 '트레팔리움으로 고문하다'라는 의미이다.

칼 마르크스의 사위 폴 라파그가 쓴 책 『태만의 권리』는 인간의 의무와 휴식의 중요성에 대한 감칠맛 나는 빈정거림이다. 라파그는 이렇게 말한다. "총생산량을 유지하면서 노동 시간을 단축하기 위해서는 새로운 기술을 개발해야 한다. 그러나 노동자들에게 노동자들이 생산한 상품을 팔아먹기 위해서는 노동자들의 수를 엄청나게 불려야 한다. 소비자로서의 무거운 부담을 덜기 위해 부르주아지는 군인, 경찰, 범죄자, 매춘부 등에게 소비를 강요한다. 유용한 일에 종사하던 사람들에게 소비를 부추겨 거지신세로 만들어버리는 것이다. 이렇게 되면 노동시장은 실업자로 넘쳐나게 된다. 이제 직업을 구할 수 없도록 하기 위해 엄격한 법을 제정한다. 한때 비생산적인 직업에 종사했던 수많은 사람들은 직업을 구할 수 없게 된다. 쓸모없는 일에, 별것 아닌 취미를 위해 돈을 마구 낭비하던 사람들도 생각해보아야 한다. 하인도 주인도 없어진다. 독신 창녀든 기혼 창녀든 치장을 할 수 없게 된다. 광산도 문을 닫고 건축업도 시들해진다. 이제 장식끈 공장, 레이스 공장, 철공소, 건축업에 종사하는 남녀 노동자들을 부추긴다. 당연히 근엄한 법이 동원된다. 건강을 위해, 완벽한 인류를 위해 산책을 즐기라고, 무용 연습을 하라고 부추긴다. 유럽에서 생산되는 물건들이 생산지에서 소비되면 다른 곳으로 수출할 필요가 없다. 그러면 선원들, 짐꾼들, 마차꾼들은 길바닥에 주저앉아 손가락을 빨 수밖에 없다. 행복한 폴리네시아 주민들은 서구에서 들어온 비너스라는 여자의 발길질(성병을 말한다)이나 유럽에서 건너온 설교쟁이들의 잔소리를 겁내지 않고 마음껏 사랑을 구가할 것이다.

그런데 태만은 어떤가. 우리는 매순간 우리 숨통을 조이는 시간을 죽이고 싶어 한다. 하루 종일 볼거리와 연극공연이 진행될 것이다. 일은 부르주아 입법자들만 하면 된다. 입법자들은 그룹을 지어 시골 장터를 찾아다니며 법을 주제로 한 연극을 공연할 것이다. 장군들은 말장화를 신고, 장식끈과 메달과

명예십자훈장으로 가슴팍을 장식하고 길거리나 광장을 어슬렁거리며 사람들의 주목을 끌 것이다. 만일 노동자 계급이 자기 몸을 지배하며 본성을 더럽히는 죄악을 마음으로부터 뿌리째 뽑아버리게 된다면 당당하게 일어설 것이다. '인간의 권리(이것은 다름 아닌 자본주의적 착취의 권리이다)'를 요구하기 위해서가 아니다. '노동의 권리(이것 역시 절망으로 인도하는 권리일 뿐이다)'를 요구하기 위해서도 아니다. 노동자 계급은 단결하여 강력한 법을 제정할 것이다. 모든 사람은 하루 세 시간 이상 노동할 수 없다는 법을 말이다. 그러면 이 대지는, 이 오래된 대지는 기쁨으로 몸을 떨 것이다. 새로운 세상이 움터 나오는 것을 느끼게 될 것이다. (……) 하지만 자본주의 윤리에 젖어 타락한 노동자 계급에게 사내답게 결단을 내리라고 요구할 수 있을까? 정말 그럴 수 있을까?

고대 노예제도의 비통한 인격화라고 할 수 있는 그리스도 예수. 노동자 계급의 남자, 여자, 아이들은 100년 전부터 험악한 갈보리 언덕(고통의 언덕)을 힘겹게 오르고 있다. 강제노동은 벌써 100년 전부터 노동자들의 뼈를 토막 내고, 그들의 살을 찢어발기고, 그들의 근육을 들볶아왔다. 벌써 100년 전부터 배고픔은 노동자들의 속을 뒤집어놓고, 그들의 정신을 혼미하게 만들어왔다. 오, 태만이여! 우리의 기나긴 비참한 상황을 불쌍히 여겨다오! 오, 태만이여! 예술과 고상한 미덕의 어머니여! 우리 인간의 고통을 치유하는 향유가 되어다오!"

당연히 인간은 스스로 생활비를 벌어야 한다. 나는 기분 좋게 무슨 일을 하고나서 사람들에게 돈을 요구할 수 있다. 이때 사람들은 내게 땡전 한 푼 주지 않을 수도 있다. 따라서 나는 피를 말리는 작업을 하고 있는 척, 너무나 힘든 일을 하고 있는 척 해야 한다. 억지로라도 그렇게 해야 한다. 나는 내가 좋아하는 일을 하면서도 어떻게 하면 힘든 일을 하고 있는 것처럼 보일 수 있는지 그 방법을 배워야 했다. 그와 반면에 하기 싫은 일일지라도 돈을 벌기 위해 억지로 하기도 한다. 말을 하고 글을 쓰는 것이 내 돈벌이의 기본 바탕이다. 하지만 내가 인생을 즐기기 위해 어떤 재미있는 일을 할 경우에는 돈을 벌기는커녕 오히려 돈을 쓸 때가 많다. 독서나 낮잠이나 경마 따위가 그런 것들이다. 때때로 나는 불평불만이 가득 담긴 글을 쓰기도 한다. "책을 많이 읽는 사람들에게 돈을 준다면 얼마나 좋을까! 박애정신이 뛰어난 국가라면 사람들이 책을 읽는 분량에 따라 돈을 지불해야 옳지 않은가! 추리 소설이나 철학 서적을 끝까지 읽으면 그 즉시로 은행으로 돈이 들어와야 하지 않겠는가!" 만일 그랬다면 나는 이 세상에서 제일가는 부자가 되었을 것이다. 만일 그랬다면 나는 아주 어려서부터 만족스러운 삶을 살았을 것이다. 다른 일은 하지 않고 오로지 책만 읽었을 것이다.

골드만은 이렇게 말한다. "'poder' 라는 단어는 명사로도 사용되고 동사로도 사용된다. 만일 'poder' 라는 단어가 명사로 사용되면, 즉 '권력' 이라는 뜻으로 사용되면 우리에게 아무런 유익도 주지 못한다. 하지만 그 단어가 동사로 사용되면, 즉 '~을 할 수 있다' 라는 뜻으로 사용되면 창조력을 발휘한다. 도전 정신은 우리의 삶을 동사(動詞)로, 즉 끊임없이 활동하는 삶으로 만들어준다. 하느님은 이렇게 말씀하셨다. '일곱째 날 너는 쉬어야 한다.' 이 말은 바로 일주일 중 나머지 6일은 일을 해야 한다는 뜻이다. 노동은 가만히 있는 것을 의미하지 않는다. 노동은 움직이는 것, 창조적인 일을 한다는 뜻이다. 따라서 직업이 없다는 것은 하느님의 계획에 어긋나는 것이다. 하느님은 우리에게 쉬어야 한다고 명령하신다. 이 말은 일주일 중 나머지 시간에 열심히 일하고 나머지 하루를 쉬라는 의미이다."

골드만은 계속 이렇게 설명한다. "노동을 히브리어로는 '아보다(avoda)' 라고 한다. 이 단어는 '기원' 이나 '기도' 를 의미할 때에도 사용된다. 노동 그 자체가 기도인 것이다. 사람이 일을 한다는 것은 기도를 함과 동시에 자기 자신의 최선을 모습을 창조적인 형태로 내보이는 것이다. 이 점은 성경 창세기에 분명하게 나와 있다. '인간은 이 세상을 지키며 이 세상에서 일을 하기 위해 창조되었다.' 세상을 지킨다는 것은 세상을 보존하기 위해 노동의 의미를 깨닫는 것이다. 우리는 일에서 벗어나는 순간부터 휴식을 위해 새로운 일거리들을 끊임없이 만들어 낸다. 우리는 일을 하지 않는 순간에도 우리의 시간을 소중하게 여긴다. 반면에 게으름뱅이는 일을 할 때에도 일을 하지 않을 때에도 시간을 하찮게 여긴다."

아부드는 이렇게 말한다. "우리는 신앙으로 인한 태만도 고려해야 한다. 일을 하는 대신 하루 종일 이슬람 사원에 죽치고 앉아 기도로 시간을 죽이는 사람들도 있는 것이다. 이 문제가 얼마나 심각한지 아주 극명하게 보여주는 이야기가 있다. 한 사람이 있었다. 이 사람은 하루 종일 기도만 올렸다. 이 사람의 동생이 일을 해서 형을 먹여 살렸다. 우리의 선지자 마호메트는 이렇게 말했다. 진정한 기도는 일을 하는 동생이 드렸노라고. 태만에도 갖가지 종류가 있다. 자신의 능력을 헛되이 사용하는 것도 태만이다. 성장을 위해 노력하지 않는 사람들, 자신이 타고난 재능을 개발하는데 힘을 쓰지 않는 사람들도 게으른 사람들이다."

일찍 일어날 필요가 없다느니, 그런 일은 할 수 없다느니 하는 사람들이 많다. 나는 그런 사람들과는 차원이 다르다. 나는 내가 할 수 없는 일만 빼고 뭐든지 할 수 있다. 일찍 일어나고 싶지 않을 때도 물론 있다. 그러나 비행가를 타기 위해 일찍 일어나야 한다면 나는 두말 않고 일찍 일어난다. 태만을 치료할 수 있는 약은 의욕이다. 다른 약도 있다. 바로 필요성이다. 목마른 사람이 우물을 파게 마련이니까.

옛날에는 태만의 반대 개념이 활동이었다. 노동이 아니었다. 그리스 사람들은 노동을 노예들의 몫으로 돌렸다. 그러나 그리스 사람들도 손 놓고 멍하니 있는 것을 최고로 치지는 않았다. "당신도 일을 해야 합니다." 아리스토텔레스가 만일 이런 소리를 들었다면 치를 떨었을 것이다. "철학이나 한답시고 게으름이나 피우고 있네." 이런 말을 들었어도 아리스토텔레스는 벌컥 화를 냈을 것이다.

요즘은 태만의 반대 개념을 노동으로 생각한다. 물론 우리는 당연히 일을 해야 한다. 예를 들어보자. 16세기를 살았던 사람들은 사냥을 나가기 위해, 아가씨들의 뒤꽁무니를 쫓기 위해, 이교도들과 싸우기 위해 아침 일찍 일어나는 것을 태만의 반대로 생각했다. 그 당시 사람들은 그러한 것들을 자신들이 개발시켜야 할 활동으로 생각했다. 회반죽으로 집을 짓는다거나 가을걷이를 한다거나 하는 일은 거들떠보지도 않았다. 기사들과 귀족들은 노동을 천한 것으로 여겼다. 그렇다고 해서 하루 종일 빈둥거리는 것을 권장하지도 않았다.

태만과 달리 여가 활동은 그저 잠시 일에 대한 생각을 접고 편히 쉬는 것이다. 여가 활동이랄지 일이랄지 하는 개념을 만들어낸 사람들은 로마 사람들이다. 필요에 따라 하는 행동, 그것이 바로 일이었다. 여가를 즐기는 것과 필요에 따라 일을 하는 것은 판이하게 다르다. 우리는 필요에 따라 빨래를 하기도 하고, 짐승의 털을 빗기도 하고, 들에 나가 농사를 짓기도 한다. 반면에 여가 활동은 자신이 좋아하는 일을 하는 것이다. 여가 활동으로는 돈을 벌 수 없다. 하지만 일은 돈을 벌기 위해 한다. 태만은 이도 저도 아무것도 하지 않는 것을 의미한다. 태만한 사람은 일도 하기 싫어하고 여가 활동을 즐기기도 싫어한다.

교양 있는 사람과 교양 없는 사람의 가장 큰 차이점은 과연 무엇일까? 교양 없는 사람은 주말을 보내기 위해 많은 돈을 필요로 한다. 이게 차이점이다. 교양 있는 사람은 문화를 비교적 저렴하게 즐길 수 있다. 문화에 대한 소양이 있는 사람은 여러 가지 다양한 방법으로 그 문화를 즐길 수 있다. 상상력이 풍부한 예술적인 삶을 누릴 수 있는 것이다. 그러나 교양 없는 사람의 삶은 하루하루가 똑같다. 한마디로 말해 문화는 궁극적으로 우리의 삶에서 따분함을 제거해준다. 이 시점에서 프랑스 시인 스테판 말라르메의 시구를 인용해볼 필요가 있다. "원통하도다! 내 감각이여, 내 본능이여, 그대들 슬픔에 젖어 있구나. 그렇게나 많은 책들을 읽어왔건만!"

이 말은 인간의 정신적 능력과 독서가 필연적인 관계를 맺고 있다는 의미는 아니다. 말 그대로 정신 능력이 떨어지는 사람들을 나는 많이 알고 있다. 이런 사람들은 셰익스피어와 보르헤스의 책을 읽으면서도 도무지 그 뜻을 이해하지 못한다. 그와 반면에 역사를 살펴보면 영어나 스페인어 따위의 외국어로 쓰인 책이라고는 한 권도 읽어보지 않고서도 뛰어난 지혜를 발휘했던 인물들을 많이 발견할 수 있다.

죄에 대해 고민하자니 문득 단테가 생각난다. 이런 사람들이 있다. 단테의 『신곡』을 닳고 닳도록 읽은 사람들도 감히 도달하지 못한 경지에 종종 그 작품에 대해서는 귀동냥도 못해본 사람들이 이르기도 하는 것이다. 문화를 사랑한다고 해서 문화인이 되는 것은 아니다. 나는 히틀러를 내 친구라고 생각해본 적이 한 번도 없다. 하지만 모차르트와 같은 천재적인 음악가를 흠모하는 마음에 있어서는 히틀러와 나는 별반 다를 바가 없다.

독서에 푹 빠져서 지내는 사람들은 현실을 왜곡해서 보는 경향이 있다. 이럴 경우 객관성을 잃어버리게 된다. 프랑스의 수필가 몽테뉴는 자신에게 아메리카의 카니발에 대해 처음으로 정보를 제공한 사람을 이렇게 묘사했다. "단순하고 무식한 사람, 이런 사람이야말로 정확한 정보를 제공할 수 있다. 교양 있는 사람들은 지나치게 꼼꼼하게 관찰하고 너무 많은 것을 알려고 하기 때문에 본질을 왜곡시킬 위험이 있다. 이런 사람들은 자신의 해석을 합리화하기 위해 어느 정도 사실을 왜곡한다. 우리에게 사실 그 자체를 보여주지 않는 것이다. 그들은 자신들이 원하는 바에 의거해 일정 부분을 생략하기도 하고 없는 사실을 덧붙이기도 한다. 그리고 신빙성을 강화하고 설득력을 높이기 위해 자기 마음대로 어떤 부분을 과장하기도 하고, 길게 늘이기도 하고, 터무니없는 찬사를 늘어놓기도 한다. 우리는 정직한 사람들의 말에 귀를 기울여야 한다. 단순한 사람, 황당한 이야기를 지어내지 않는 사람, 그럴 능력이 없는 사람, 그 문제에 대해 선입견이 없는 사람의 말에 귀를 기울여야 한다."

하지만 다른 경우에 있어서와 마찬가지로 태만에 대해 너무 민감한 반응을 보이는 것도 위험하다. 지나치게 부지런하거나 억지로 일을 하게 되면 스트레스를 받게 되고, 스트레스를 받게 되면 몸이 굳어 일을 못하게 된다. 기업체에서는 부지런한 간부라면 쌍수를 들고 환영한다. 그러나 지나치게 열심히 일에 매달리다가 기진맥진해져버리면 아무짝에도 쓸모없는 사람이 되고 만다. 오전 내내 서류 한 장 들여다보지 않고 늘어져 있는 사람도 문제가 있지만, 아등바등 거리다가 끝내 요양원으로 끌려가는 사람도 문제가 있는 것이다.

나는 누구 못지않게 낮잠을 옹호하는 사람이다. 그래서 요즘 같이 일에 치어 사는 세상에서는 음모의 희생자가 될 수밖에 없다. 프랑스나 스웨덴에서 강의를 하기로 계약이라도 하게 되면 나는 엄청난 고통을 감수해야 한다. 이쪽 사람들은 늘상 강연 시간을 오후 3시로 잡아놓는다. 그런데 나는 점심을 먹은 후에는 반드시 쉬어야 하는 체질을 타고 났다. 내가 낮잠 잘 시간을 좀 빼달라고 하면 "뭐 이따위 인간이 다 있나" 하는 시선으로 나를 꼬나본다.

'일벌레(workaholic)' 라는 표현은 일을 자기 삶의 중심으로 삼고 애정관계를 포함한 다른 것들을 등한시하는 사람을 가리 킨다. 좁은 의미로 해석하자면 일에 집착한다는 의미이다.

한계를 넘어, 개인적인 필요를 넘어 과도하게 일에 매달리 는 것, 심리적으로 일에 의존하는 것. 다른 사람들로부터는 칭찬을 받을지 모르나 그건 일종의 자기학대다. 억지로 일을 하게 되면 조만간 자기 몸을 망치게 된다. 이 사회는 지나치 게 일에 매달리는 사람을 나무라기보다는 습관적으로 칭찬을 늘어놓는다. 그래야 성공을 한다는 것이다. 지나치게 일에 매 달리는 것은 죽음을 향해 전속력으로 달려가는 것과 다를 바 가 없다.

쾌락이 고통으로 변할 때

우리가 인생을 살아가면서 떠맡게 되는 일은 가능한 한 즐 거운 요소가 많이 있어야 한다. 그래야 기꺼운 마음으로 일을 할 수 있고 또 그 결과도 좋아진다. 예전에는 기꺼운 마음으로 하던 일들도 어느 순간 하느님이 우리에게 내린 징벌로 느껴 질 때가 있다. 이때가 위험한 순간이다. 우리는 태도를 일신하 여 잃어버린 즐거움을 다시 찾아야 한다. 강연을 하거나 칼럼 을 쓰는 일은 상당히 재미있다. 그러나 이런 경우를 한번 생각 해보자. 다음날 신문 원고 마감 시간이 다 되어간다. 신문사에서 심부름꾼이 달려와 문 앞에서 목을 빼고 기다리고 있다. 그런데 당신은 당신이 맡은 기사를 반 페이지도 채우지 못했다. 또 이런 경우도 있을 것이다. 하루에 세 번에 걸쳐 강의 요청을 받는다. 아침에 하나, 오후에 하나, 저녁에 하나. 자, 어떻겠는가. 당신은 함정에 빠진 것이다. 도저히 빠져나갈 구멍이 없다. 끙끙거리며 일을 마친다 해도 그 결과가 그리 좋을 리가 없다.

따분함이 역사의 원동력이 된 경우도 여러 차례 있었다. 사람들은 따분함을 견디다 못해 산으로 올라갔다. 미지의 땅을 향해 돛을 올렸다. 그런 식으로 따분함을 해소했던 것이다. 만일 우리 인간들이 따분함을 몰랐다면 아무 일도 하지 않고 그저 그대로 가만히 있었을 것이다. 프랑스의 수학자이자 철학자인 파스칼은 이렇게 말했다. "우리 인간의 온갖 악행은 우리가 집구석에 가만히 처박혀 있을 능력이 없었기 때문에 생겨났다." 우리가 파스칼의 말에 동의해서 우리가 가진 것만으로 만족했다면 전쟁도, 정복도, 도둑질도 반 이상 줄어들었을 것이다. 그러나 가당치도 않는 말이다. 우리 인간은 그저 가만히 있을 수 있는 능력이 없다.

다른 사람들은 태만을 따분함과 연관하여 생각할지도 모르지만 나는 태만을 '동기 없음'과 연관해 생각해보고 싶다. 따분해하는 사람도 언젠가는 능동적으로 일에 착수할 수 있다. 하지만 태만한 사람은 무슨 일을 할 동기가 없기 때문에 자신의 태도를 바꾸지 않는다. 도대체 무슨 이유로 동기를 부여받지 못하는가? 거기에는 여러 가지 원인이 있다. 주입식 교육도 한 가지 원인이다. 특히 서구 여러 나라에서는 주입식 교육이 성행하고 있다. 예전에는 모든 일에 그에 합당한 동기가 부여되었다. 아무튼 우리는 일을 해야 했다. 그것이 삶의 이치였다. 이런 저런 설명이 필요 없었다. 사람들은 인간으로서의 의무를 수행해야 했던 것이다. 결혼을 하는 것도, 자식을 갖는 것도, 기도를 하는 것도, 정직한 것도 우리의 의무였다. 모든 것이 완벽하게 정해져 있었다. 아무도 이의를 제기하지 않았다. 적어도 공공연하게 의문을 제기하지는 않았던 것이다. 대체 무슨 이유로 결혼할 때까지 정조를 지켜야 한단 말인가? 대체 무슨 이유로 정직해야 한단 말인가?

그러나 요즘에 와서는 모든 것이 개인주의적으로 변했다. 그래서 이렇게 묻게 된 것이다. 무엇을 위해, 또 무슨 이유로 우리는 일을 해야 한단 말인가? 그러나 문제는 우리 인간이 원하는 바를 정확하게 설명할 수 없다는 것이다. 대체 무슨 이유로 산꼭대기까지 올라가려고 기를 쓰느냐? 대체 무슨 이유로 돈방석에 올라앉으려 애를 쓰느냐? 대체 무슨 이유로 더 큰 냉장고를 사려고 아등바등 하느냐?

이런 질문들은 쉽게 대답할 수 있는 것이 아니다. 마음먹기는 쉬워도 막상 누군가가 그 이유를 물어보면 대답하기 곤란하다. 그래서 대답이 궁해지면 동기를 잃고 만다. 옛날 사회는 암

묵적인 공감대 위에 형성되었다. 대부분의 사람들(마음이 불안정한 사람들을 제외하고)은 개인적으로 묻고 대답해야 하는 질문이 있을 것이라고는 생각지도 못했다. 그런데 이런 점이 요즘에 와서 달라진 것이다. 사람들은 생각하게 되었고, 자신이 하는 일에서 의미를 찾으려고 한다. 우리는 무슨 일을 하든지 간에 의미를 찾으려 한다. 그래서 문제가 된 것이다. 우리가 일상적으로 하는 일들은 거의 대부분 의미가 별로 없기 때문이다. 사람들은 이제 무슨 일에 착수하기 전에 그 일을 해야만 하는 당위성을 찾으려고 든다. 그러다 합당한 이유를 찾지 못하면 무기력해져서 아무 일도 하지 못하게 된다.

따분함에도 여러 가지 차원이 있다. 프랑스의 작가 겸 정치인이었던 프랑수아 르네 드 샤토브리앙은 『묘지 저편의 추억』에서 이렇게 한탄했다. "종교 이외에는 아무런 신념이 없구나. 나는 목자였던가, 왕이었던가? 내 왕좌는 어디로 갔으며 내 양치는 지팡이는 어디로 갔는가? 영광도 재능도, 일도 게으름도, 번영도 불운도 하나같이 덧없도다. 모든 것이 지겹도다. 나는 따분한 나날을 힘겹게 살아가노라. 어디를 가든지 나오는 건 하품뿐."

독일의 철학자 마르틴 하이데거는 이렇게 말했다. "권태는 번민의 시작이다. 번민은 우리 인간을 심오하게 분석해보도록 유도한다." 따라서 권태는 우리의 정신을 번쩍 깨어나게 만들어주는 느낌이라고도 할 수 있다.

싸구려 문화가 넘쳐난다

시장에 가보면 문화 상품이 넘쳐난다. 이러다보니 진짜 문화가 무엇인지 알 수 없게 되어버렸다. 문화는 갈수록 이 세상을 따분하게 만들어간다. 이것은 우연한 결과가 아니다. 따분한 문화가 따분한 새끼 문화를 양산해내고 있는 것이다.

매일매일 출간되는 수천 권의 책들이 하나같이 지루하고 재미없는 것이라면 어떻게 될까? 이럴 경우 책은 계속해서 쏟아져 나올 것이다. 한 권의 책만을 읽는 사람은 그 책에 쓰인 진리를 그대로 받아들인다. 지혜와 관련된 책일 경우에는 한 권만 읽어도 수천 권의 책을 읽은 것보다 더 큰 효과를 거둘 수 있다. 한 권만 읽으면 된다. 굳이 두 번째 책을 집어들 이유가 없다. 우리가 다른 책을 읽는 이유는 다른 책에서는 또 다른 즐거움을 얻을 수 있기 때문이다. 아일랜드의 작가 조지 버나드 쇼는 어느 친구에 관한 재미있는 이야기를 들려준다. 이 친구는 젊었을 적에 잭 런던의 판타스틱 소설 『하얀 송곳니』를 읽은 후로는 그보다 더 좋은 책은 있을 수 없다며 다른 책은 전혀 들여다보지 않았다고 한다. 요즘 세상에서 보자면 가히 혁명적인 태도라고 할 수 있겠다. 요즘이 어떤 세상인가. 출판사들은 새로운 책을 낼 때마다 인간의 근원적인 문제를 다른 책이라는 둥 필독서라는 둥 하며 광고를 해댄다. 문화 잡지의 서평란을 한번 들여다보라.

이런 현상은 단지 문학 분야에서만 벌어지는 것이 아니다. 조형 예술과 같은 다른 분야에서도 이런 현상을 목격할 수 있다. 위태로운 상황이 벌어지고 있다. 문화 바이러스에 감염된 사람들이 다달이, 보름마다, 아니 일주일마다(병의 증세에 따라 달라진다) "새로 나온 게 뭐 없나?"하며 눈에 불을 켜고 이리저리 찾아다닌다. 친구들과 수다를 떨다가 무식쟁이로 찍히지 않으려면, 모두가 알고 있는 사실을 혼자서 몰라 왕따 당하지 않으려면 그렇게 호들갑을 떨어야 한다. 오늘날 문화는 상품으로 취급된다. '신상품'이라면 사족을 못 쓰는 사람들이 문화를 손아귀에 쥐고 있다. 오늘날 문화 시장은 엄청난 양의 별볼일 없는 문화 상품으로 넘쳐난다. 그리고 문화 산업 역시 끝을 모를 정도로 다양해졌다. 이러다보니 상황은 점점 더 따분해지고 우리는 점점 더 멍청이가 되어간다. 부처의 말씀은 하찮은 일화 속에서 그 의미를 잃어간다. 그러나 떠돌이 땡중은 대중을 열광시킨다. 사람들은 '마케팅'으로 장식된 떠돌이 땡중의 말 속에서 삶의 새로운 의미를 찾는 것이다. 그 정도는 아니라고 해도 적어도 친구들과 수다를 떨 수 있는 이야깃거리는 건지는 것이다.

오늘날의 교육은 실로 한심하기 짝이 없다. 오늘날의 교육은 끊임없이 교양을 쌓으라고 윽박지른다. 그래야 좀 더 고상한 지식을 얻을 수 있다는 것이다. 이것은 명백히 사기다. 우리는 이런 세상을 살아가고 있다.

타락 천사가 작가에게 이렇게 말한다. "당신은 지금 나를 질투하는 거야."

慢食慾怒慾慢
驕貪貪慾淫
怠

嫉妬

07

타락 천사가 작가에게 이렇게 말한다.
"당신은 지금 나를 질투하는 거야."

사탄 : 부지런히도 찾아오시는구먼. 혹시 나를 질투하는 건 아닌지?

작가 : 질투는 무슨, 호기심이라면 모를까. 나도 인정합니다. 당신도 쓸모가
있어요. 가끔 이런 생각이 듭니다. 당신이 없었으면 우리는 어떻게 됐
을까. 재미있는 일은 전혀 없었을 겁니다. 우리 인생은 그야말로 암울
했을 겁니다. 그런데 한 가지 이해 못할 게 있어요. 당신의 예전 주인이
듣지 못하게 목소리를 좀 낮추겠습니다. 사람들은 무슨 이유로 수호천
사가 우리를 지켜주고 있다고 생각하는 겁니까? 사탄 악마가 달라붙는
것은 싫어하면서?

사탄 : 철학자 양반, 당신 아주 현명한 양반이로구먼. 내 생각에는 모든 사람
에게 사탄을 한 명씩 붙여줄 수는 없을 것 같은데. 사탄을 직업으로 삼
자면 많은 능력이 필요하단 말이지. 능력 있는 자가 어디 그리 흔한가.
그래서 당신이 나를 질투하는 게 아닌가?

작가 : 이보세요, 사탄 아저씨, 물론 당신 솜씨에 감탄하고 있기는 합니다. 하
지만 나는 당신보다는 내 지금 모습을 더 좋아합니다.

사탄 : 당신 뭔가 잘못 생각하고 있는데 말이야, 나처럼 되면 얼마나 행복할지
모르는 모양이지.

작가 : 물론 사람들은 누군가가 자신을 질투하면 대단히 좋아하지요. 우리가
다른 사람들 앞에서 왜 우쭐거리겠습니까. 사람들의 질투를 불러일으
키기 위해 그러는 것이 아닙니까. 다른 이유가 없어요. 커다란 차를 사

서 쭉쭉 빵빵한 금발머리 아가씨를 태우고 다니는 이유가 뭐겠습니까? 사람들이 질투로 몸서리를 치는 모습을 보고 싶어서 그러는 것이지요. 내 말의 뜻은 바로 질투가 사람들이 함께 모여 사는 곳에서 나타난다는 겁니다. 다른 사람이 있어야 질투를 하든 말든 할 것 아닙니까. 스페인 사람들이 자주 들먹이는 이야기가 하나 있어요. 유명한 투우사 루이스 미겔 도밍긴이 여배우 아바 가드너와 연애행각을 벌였지요. 어느 날 밤이었어요. 루이스 미겔이 자다 말고 벌떡 일어나 허겁지겁 옷을 입었습니다. 그러자 여배우가 침대에 누운 채 말을 걸었어요. "뭘 그렇게 서둘러? 어딜 가려고?" 남자가 냉큼 대답했답니다. "사람들에게 이 얘길 해주려고."

사탄 : 허허! 질투 그거 대단한 것이로구먼! 당신 말이 맞아. 특히 우리처럼 질투 받기를 좋아하는 이들은 질투 없이는 못살지. 아주 충실한 동반자란 말이야. 나도 항상 질투를 달고 살아요.

작가 : 볼테르는 이렇게 말했답니다. "우리 원수에 대한 최고의 복수는 우리가 행복해지는 것이다." 사탄 양반, 당신도 알다시피 원수를 골탕 먹이려면 질투심을 불러일으키면 됩니다. 당신은 행복해요. 바로 그것이 당신을 미워하는 자들에 대한 최악의 징벌입니다. 당신이 행복해하는 꼴을 보며 얼마나 속을 끓이겠습니까.

사탄 : 기똥찬 아이디어야! 놈들에게 본때를 보여주어야겠어.

7. 질 투

嫉妬

질투. 행복한 사람을 보면 기분이 더러워지는 현상. 남들이 잘되는 꼴을 도저히 두고 볼 수 없는 심정. 자신은 모든 것을 차지해 즐기려 하지만 다른 사람들이 즐기는 꼴을 용납하지 않는 심보.

질투에 사로잡힌 사람은 대체 무얼 원하는 걸까? 질투에 사로잡힌 사람은 도저히 손에 넣을 수 없는 것을 바란다. 남의 손에 든 떡이 더 커 보이고, 남의 논에 핀 벼가 더 튼실해 보이는 법이다. 빼앗고 싶은 욕망, 남들이 누리는 삶을 훼방 놓고 싶은 심정. 그 뿌리는 다 질투라는 죄에 있다. 질투는 도저히

194

다스릴 수 없는 죄다. 질투는 질투하는 당사자에게도 해가 된다. 질투 그 자체가 고문인 것이다. 이렇게도 말할 수 있지 않을까 싶다. 질투에 사로잡힌 사람은 사악한 사람이 아니라 불쌍한 인생이다.

질투에 사로잡힌 사람은 다른 사람들을 모아놓고 이렇게 떠든다. "저 사람 말이야, 저런 재산을 누릴 자격이 없어." 바로 이런 태도에서 거짓말이, 배반이, 음모가, 기회주의가 튀어나온다.

질투는 아주 이상하다. 질투는 기나긴 역사를 자랑한다. 요즘에는 질투를 죄로 간주하지만 예전에는 그렇지 않았다. 덕스러운 면도 있었던 것이다. 한마디로 질투는 민주주의적인 덕목이다. 질투가 있었기 때문에 사람들은 평등을 유지할 수 있다. 누군가가 남들보다 더 많은 권리를 가지게 될 경우 질투가 나서서 모든 사람이 평등한 권리를 갖도록 상황을 조정한다. 권력욕을 타고난 사람은 이렇게 말한다. "왜 내가 아니라 당신이 그 자리에 있는 거지? 당신이 나보다 나을 게 뭐가 있어?" 이렇게 되면 질투는 민주주의의 초석이 되어(어느 정도 그렇다는 말이다) 사회 제도가 올바르게 돌아가는지 어떤지 살피게 된다. 민주주의적인 질투가 있는 곳에서는 권력자라도 자기 마음대로 권력을 휘두를 수 없다. 세금을 내지 않는 특권층이 있다고 치자. 그러면 그 특권층을 질투하는 사람들이 들고일어나 특권층도 세금을 내야 한다고 주장할 것이다. 질투가 없으면 민주주의는 제대로 제 기능을 발휘하지 못한다. 질투는 민주주의 사회에서 감시자라는 중요한 역할을 담당한다. 평등이 유지되고 민주주의가 제대로 운영되는 것은 바로 질투가 있기 때문이다.

기독교 세계에서 질투는 이런 식으로 정의된다. "타인의 행복에 대해 느끼는 불쾌감, 고통, 슬픔. 타인의 행복이 우리의 이익이나 영광에 피해를 줄 때 마음속으로 느끼는 울분."

무히카는 질투에 대해 이렇게 말한다. "내가 선택할 수 있는 것은 두 가지뿐이다. 나 자신의 행복을 누리느냐 마느냐. 나는 나 자신의 행복밖에 누릴 수 없다. 나는 다른 사람의 행복을 누릴 능력이 없다. 다른 사람이 누리는 행복을 내가 누리기 위해서는 다른 사람의 행복을 내 것으로 만들어야 한다. 내가 관대한 사람이라면 다른 사람이 행복해하면 나 자신도 기뻐할 것이다. 그러기 위해서는 내 자신을 뛰어넘어야 한다. 그래야 다른 사람의 행복에 나도 기뻐할 수 있다. 그러나 질투에 사로잡히게 되면 모든 것을 내 손안에 넣어야 한다. 그래야 행복해진다. 나는 다른 사람의 행복에 기뻐할 수 없다. 옛날에는 질투를 아주 중요하게 생각했다. 이 점을 생각하면 마음이 심란해진다. 예를 들어보자. 수도원 생활은 다음과 같은 문장으로 요약된다. '당신의 독방에 칩거하라. 당신의 독방이 모든 것을 가르쳐줄 것이다. 움직일 필요가 없다. 이리저리 수도원을 옮겨 다닐 필요가 없다. 떠나고 싶은가? 그건 달아나는 짓이다.' 이렇게 말하는 사람들도 있다. '어느 수도원에서 질투를 받게 되면 당장 떠나라. 그런 곳에서는 성장할 수 없다.' 옛날 사람들은 질투를 아주 진지하게 생각했다. 질투는 한 사람 한 사람에게 영향력을 발휘했던 것이다."

질투라는 죄는 다른 사람들의 모든 장점을 나도 가질 수 있을 것이라는 느낌을 갖게 한다. 당신의 이웃집 남자에게 예쁜 부인이 있고, 그래서 당신이 이웃집 남자에게 질투를 느낀다고 치자. 어떻게 해야 하나? 당신은 이웃집 남자의 모든 것을 그대로 따라 해야 한다. 그가 무엇을 원하는지, 무슨 생각을 하는지, 무엇을 느끼는지 그 모든 것을 그대로 따라 해야 한다는 말이다. 당신이 원하는 것, 생각하는 것, 느끼는 것은 모두 한편으로 치워두어야 한다. 다시 말해 당신은 당신 자신을 버리고 다른 사람으로 변해야 한다. 하지만 그건 도저히 불가능한 일이다. 세상 사람들은 모두 다른 사람들의 장점을 취하려고 한다. 그렇다고 자기 자신을 버릴 수는 없는 노릇이 아닌가. 이렇게 말할 사람은 아무도 없다. "내 모습을 싹 지우고 다른 사람으로 그려주세요. 나는 내가 아닌 다른 사람이 되고 싶어요." 질투로 인하여 자기 자신을 이렇게 저렇게 마음대로 바꿀 수 있는 사람은 세상에서 가장 행복한 사람일 것이다. 마음에 들지 않는 면은 모조리 없애버리고 마음에 드는 면으로만 자신을 채우는 것이다. 부자인 사람에게도 장점이 많은 사람에게도 나름대로 불편한 점이 있다. 이 점을 무시한다면 하고 싶은 대로 하고 살아라.

아름다운 것에 대한 질투는 사람들이 기나긴 역사를 통해 유지해온 아름다움에 대한 개념과 연관해서 생각해보아야 한다. 선사시대의 조각과 벽화는 몸집이 거대한 여성의 모습을 보여준다. 심지어 기형적으로 보이기까지 한다. 모두 풍요에 대한 기원을 담고 있다. 그리스 사람들은 넓적한 엉덩이나 풍만한 가슴을 아름답게 여기지 않았다. 그리스 사람들은 완벽한 아름다움을 위해 신체를 단련해야 한다고 생각했다. 그리스 사람들이 생각한 완벽한 아름다움은 곧고 날씬한 목, 균형 잡힌 어깨, 작고 단단한 가슴 등이었다. 그리스 사람들은 아름다운 예술품을 대규모로 유럽에 전파시켰다. 화장품 및 화장술도 여기에 포함된다. 그래서 유럽 사람들도 몸을 중요시하게 되었고, 목욕의 중요성도 깨닫게 되었다. 한마디로 미(美)에 대한 개념이 바뀌었던 것이다.

요즘 여성들은 늙으나 젊으나 끊임없이 아름다움을 추구한다. 여기에 과학도 한몫 거들고 있다. 생활 습관도 변했다. 아름다운 몸매를 가꾸기 위해 날마다 운동을 빼놓지 않는다.

아르헨티나의 영화배우 엔리케 핀티는 이렇게 단언한다. "질투를 받게 되면 누구나 다 우쭐해할 것이다. 그런데 요즘에는 포스트모던한 새로운 개념이 만들어졌다. '당신이 부러워죽겠습니다. 그러나 나는 건전한 의미에서 당신을 질투합니다.' 내 생각으로는 말도 안 되는 소리다. 우리는 다른 사람을 쳐다보며 이렇게 말한다. '저 사람처럼 되고 싶어.' 경쟁의식은 긍정적이다. 하지만 누구를 질투하거나 남들이 나를 질투하도록 바라는 것은 건전한 생각이 아니다. 문제는 누군가를 질투하게 되면 엄청난 고통을 겪어야 한다는 것이다. 우리는 같은 피를 나눈 형제를 질투할 수 있다. 부모님이 다른 형제를 편애한다고 생각하면 질투를 하게 되는 것이다. 그렇게 되면 우리는 세상 전체에 대해 적개심을 품게 된다. 이 세상 전체가 나를 골탕 먹이기 위해 음모를 꾸미고 있다고 생각하게 되는 것이다."

프랑스의 철학자 디드로는 이렇게 말했다. 우리는 친구들이 불행을 겪게 되면 어느 정도 마음이 뿌듯해진다. 친구를 도와주러 달려가지 않는다든지, 돈을 빌려주지 않는다든지, 병원으로 데려다주지 않는다든지 하는 일과는 상관없다. 하지만 누군가가 불행을 당하게 되면 우리는 이렇게 중얼거리며 가슴을 쓸어내린다. "내가 아니어서 천만다행이다." 행복과 불행에도 절대치가 있어서 누군가 행복해지면 다른 사람은 불행해진다는 말인가. 경매의 한 장면을 생각해보자. 내가 가지고 싶은 자동차가 한 대 있는데 다른 사람이 먼저 구입해버리면 나는 그 자동차를 가질 수 없게 된다. 다른 자동차를 사면 그만일 텐데 우리는 한사코 '그' 자동차를 고집한다. 불행에 있어서도 마찬가지다. 누군가에게 무슨 문제가 생기면 나는 '그' 문제로부터 벗어난 것으로 생각하는 것이다.

하루 세 끼 식사도 제대로 차려먹지 못하면서 비싼 옷을 입고 초대형 자동차를 몰고 다니는 사람들이 있다. 비싼 옷과 초대형 자동차가 있어야 남들의 부러움을 살 수 있다고 생각하기 때문이다. 이런 사람들은 진정한 사치를 모르는 사람들이다. 그저 겉모습만으로 남들의 부러움을 사려고 애쓴다.

아부드는 이렇게 말한다. "질투는 달착지근한 음료수와 같은 것이다. 한번 입에 댔다하면 한동안 그 맛을 떨쳐버리지 못한다. 행복은커녕 고통만 안겨줄 뿐이다. 어떤 것이 있다. 잘만 하면 우리 손에 닿을 수 있을 것 같다. 이때 질투가 생겨난다. 유럽 전체를 호령했던 나폴레옹을 질투하기보다는 최신형 자동차를 구입한 이웃집 남자를 질투하기가 훨씬 쉽다. 이슬람교에서는 질투를 마음의 병을 일으키는 원인으로 생각한다. 누군가가 성공하면, 유명해지면, 돈을 많이 벌면, 외모가 뛰어나면 우리는 질투하기 마련이다. 우리는 본질적인 문제에 있어서는 질투를 하지 않는다. 건강한 사람을, 신앙심이 강한 사람을 질투하는 경우란 드물다. 질투는 자기 자신과 싸우는 전쟁이다. 우리는 우리 자신과 치열하게 싸우면서 우리의 인생을 개척해 나갈 수 있다. 물론 이때에도 신의 자비에 의지해야 한다."

질투를 받는 사람 역시 위험을 느낀다. 자신을 질투하는 사람들이 달려들어 자신을 해치거나 무언가를 빼앗아가지 않을까 두려워하는 것이다. 질투(in-video)를 글자 그대로 해석하면 '눈에 아무것도 보이지 않는 사람'이라는 뜻이 된다. 남의 행복은 더 크게 보이는 법이다. 그다지 심술궂지 않은 사람이 원수에게 앙심을 품게 되면? 그는 질투로 만족할 수 있을 것이다.

존재하지 않는 것을 질투하다

요즘에는 방송통신매체가 질투를 부추기고 있다. 오늘날의 텔레비전 프로나 잡지는 유명한 의사 부부의 행복한 가정, 신출내기 모델들이 카리브 해에서 보내는 휴가, 깜짝 스타가 새롭게 단장한 아파트 따위의 기사로 도배가 되어 있다시피 하다. 우리는 이런 것을 보면서 주눅이 들 수밖에 없다. 아르헨티나의 신문기자 호르헤 리알(연예계 소식이라면 모르는 것이 없는 사람이다)은 이렇게 말한다. "유명 연예인들에 대한 질투는 허구적인 사실에 기초한다. 사람들은 연예인 그 자체를 보지 않고 그들이 보여주는 이미지를 보면서 질투에 휘둘린다. 존재하지 않는 것을 질투하는 것이다."

리알의 얘기를 좀 더 들어보자. "대부분의 연예인들은 가십

거리를 만드는데 있어서는 천부적인 재능을 과시하지만 진정한 예술적인 재능은 보여주지 못한다. 화장실 문을 한 번 열었다 닫았다 해도 수십 명의 기자들이 떼거리로 몰려든다."

요즘 사회에서 성공하기 위해서는 자신에 대한 무성한 소문만 내면 된다. 소문이 사실이든 아니든 그건 중요하지 않다. 누군가가 성공했다는 소문이 퍼지기만 하면 온갖 실수가 뒤따르고 질투가 난무하게 된다. 여자 문제로 골머리를 앓았던 친구 한 놈은 항상 이런 말을 입에 달고 살았다. "중요한 것은 자네가 최고라고 믿게 만드는 거야. 그러면 사람들이 자네에게 몰려들게야. 대체 자네가 어떤 사람인지 알아보기 위해서 말이지."

농촌생활과 같이 자세히 모르는 상황에 대해서도 질투를 할 수 있다. 몽테뉴는 당시 유럽 사람들이 야만인이라고 규정했던 사람들의 단출한 공동생활을 시기심을 불러일으킬 정도로 과장해서 묘사했다. 문명이라는 법률에 오염되지 않은 사람들의 생활상이었다. 그로부터 200년 후에는 루소, 디드로, 지암바티스타 비코, 사드 등이 몽테뉴의 이론을 강화하여 '선한 야만인'에 대한 질투에 부채질을 가했다. 관용과 평화를 기반으로 하는 공동생활에 대한 신화는 이렇게 창조되었다. 관능적이지만 파렴치하지 않은 사회, 내 것 네 것 따지지 않고 모두가 공유하는 풍부한 공동재산. 그러나 질투는 각자의 개인적 욕구에 따라 실로 다양하게 나타난다. 볼테르의 경우를 들 수 있겠다. 사람들이 모두 몽테뉴가 묘사한 공동생활에 부러움을 느끼고 있을 때 도시 토박이였던 진보주의자 볼테르는 루소에게 이렇게 말했다. "내가 갓난아이처럼 네 발로 기어 다녀야 한단 말이오. 바글거리는 사람들 틈에서 부대끼며 살아야 진짜 살맛이 나지요. 나는 야생열매도 싫고 원숭이도 지겹습니다. 행복이란 게 무엇입니까. 친한 사람들과 다정한 대화를 나누며 잘 차린 저녁을 먹는 게 아니겠습니까. 멋진 연극 공연도 빼놓을 수 없겠지요. 나는 파리의 밤을 사랑합니다."

> 질투라고 하면 스페인 사람을 빼놓을 수 없다.
> 스페인 사람들은 항상 질투에 대해 생각한다.
> 뭔가 좋은 것이 있으면 이렇게 말한다.
> "이거야 원 부러워서."
> 호르헤 루이스 보르헤스

내 경우를 예로 들어보겠다. 나는 유명한 작가들과 어울리기를 좋아한다. 억지로 책상에 앉아 글을 쓰기보다는 다른 사람들의 작품을 읽는 게 더 신나기 때문이다. 다른 작가들과 어울리다보면 내가 쓴 글을 고칠 수 있는 기회도 생긴다. 나는 특히 기예르모 카브레라 인판테를 무척 좋아한다. 그의 인간성도 좋아하고 그의 작품도 좋아한다. 그는 30년 동안 런던에 살았다. 나는 매년 영국을 방문할 때마다 의무적으로 그의 집을 찾아갔다. 한번이라도 빼먹으면 서운해서 견딜 수 없었던 것이다. 그 양반 곁에는 항상 미리암 고메스가 있었다. 미리암 고메스는 그야말로 이야기꾼이었다. 역사, 우화, 일화 등 모르는 게 없었다. 기예르모와의 대화는 그 무엇과도 바꿀 수 없는 소중한 보물이었다. 영화와 문학에 관하여 그 사람만큼 내게 큰 영향을 끼친 사람은 별로 없다. 그 역시 타고난 이야기꾼이었다. 박학다식에 기초한 그 맛깔스러운 입담. 나는 질투심을 느끼지 않을 수 없었다.

위대한 작가들이 불러일으킨 질투심이 내 삶의 근본적인 원동력이었다. 예를 들어보자. 나는 열여섯 살 때 보르헤스에 대한 질투심으로 불타올랐다. 그 후로는 셰익스피어와 토마스 만에 대한 존경심이 내 경쟁의식을 부추겼다. 그러나 나는 질투로 인하여 꽁생원처럼 굴었던 적은 결단코 없다. 다른 사람들이 재능을 잃어버리기를 바란 적은 단 한 번도 없었던 것이다.

결론을 내려 보자. 우리는 훌륭한 것에 감탄한다. 사람들은 다른 사람들의 훌륭한 점에 감탄한다.

우리는 숭고한 것에 감사하는 마음을 가져야 한다. 베토벤이나 프루스트와 같은 위대한 작가들이 남긴 위대한 작품은 모두 그들의 노력과 헌신의 결과물이었다. 우리는 예술에 바친 그들의 노고에 마땅히 감사해야 한다.

사탄, 지옥, 천국

천사가 아니었던 천사

때때로 나는 사탄이 떠오르면 이런 생각에 잠긴다. 사탄이 없었다면 우리는 어떻게 되었을까? 사실 말이지, 이 질투에 불타는 인물만큼 우리에게 지대한 관심을 쏟는 존재는 아무도 없다. 만일 사탄이 끼어들지 않았다면 하느님조차도 우리가 사는 꼴을 보며 하품이나 흘렸을 것이다. 사탄은 우리 몸에 박힌 가시처럼 우리 생활에 일일이 간섭하고 있는 것이다.

다시 한 번 사탄을 만날 기회가 주어진다면 괴테의 『파우스트』를 조금 비틀어 들려주고 싶다. "당신은 이걸 알아야 한다. 당신이 질서를 깨고 부수기 위해 하는 모든 짓은 오히려 질서를 강화시킨다. 한마디로 말해 당신은 지금 악이 아니라 선을 위해 일을 하고 있는 것이다. 당신은 일개 고용인으로 일을 하고 있다. 당신은 당신 주인에게 반항했지만, 아직까지도 고용인의 위치에서 벗어나지 못하고 있다." 내가 이 점을 밝히고 나면 사탄 역시 재미있는 얘기를 들려줄 것이다. 세월이 흐르면서 악명을 떨치게 된 죄악을 위해 무수한 변명을 늘어놓을 것이다. 교만은 자존심이라고, 질투는 민주주의적 정의라고, 분노는 세상의 악에 의분이라고 주장할 것이다. 사탄은 '마케팅'의 천재다. 사탄은 죄악을 미덕이라고 속여 팔아먹고 있는 것이다.

괴테의 『파우스트』에 등장하는 악마 메피스토펠레스는 하수

인일 뿐이다. 그러나 괴테는 메피스토펠레스를 통해 악의 저주가 무엇인지, 진짜 지옥이 무엇인지 분명하게 보여준다. 악은 이 세상에 왜 선이 필요한지를 보여주는 알리바이인 것이다. 메피스토펠레스는 자신의 본성을 딱 잘라 부정하면서 파우스트의 허약해진 영혼에 용기를 불어넣는다. 파우스트 자신이 거부했던 예전의 모습(어중이떠중이가 되지 않을까 겁을 집어먹고 거부했던 과거의 모습)으로 다시 돌아갈 수 있다고 부추기는 것이다. 하지만 결국 메피스토펠레스에게 다시 한 번 더 유죄판결을 내리는 사람은 파우스트 본인이다.

아부드는 이렇게 설명한다. "우리 이슬람교에는 '추락 천사'라는 개념이 있다. 하지만 이 개념은 조금 색다르다고 할 수 있다. 천사들은 빛으로부터 창조되었다. 그러나 사탄은 불로부터 창조되었다. 사탄은 '음성적인 존재들(yins)'의 대장이다. 음성적인 존재들이란 인간세계와 나란히 놓인 세계에서 사는 정령들이다. 사탄은 천사와 마찬가지로 하느님의 명령에 복종해야 했다. 하느님은 인간이라는 새로운 피조물을 창조하고 나서 천사와 사탄에게 인간 앞에서 무릎을 꿇으라고 명령했다. 이때부터 일이 꼬이기 시작했다. 사탄은 하느님에게 따지고 들었다. 이래봬도 나는 불로부터 창조된 존재다, 이런 내가 어떻게 흙으로 만든 인간 따위 앞에서 머리를 조아릴 수 있단 말인가. 싸움은 그때부터 시작되었다. 악은 인간 속을 들락날락한다. 사탄과 그 수하 정령들은 이 세상에 편만해 있다."

'디아볼로(diabolo)'는 '가운데 있는 것', 즉 '무언가 방해가 되는 것'을 의미한다. 따라서 사악하다는 것은 조화를 깨뜨리는 것, 다시 말해 악행을 저지르는 것이다. 욕심이 많은 사람, 모든 것을 가지고자 하는 사람은 다른 사람을 생각하지 않는다. 여자들을 독차지하고자 하는 남자는 다른 남자들을 염두에 두지 않는다. 거짓말쟁이, 질투쟁이, 불평쟁이 등은 우리 인간 세상에서 혼란을 일으키는 자들이다. 죄악은 사회질서를 혼란시키는 것이다.

무히카는 이렇게 설명한다. "'심벌(symbol)'은 무언가를 모으는 것이고, '디아볼로'는 무언가를 흐트러뜨리는 것이다. 고대사회를 예로 들어보자. 두 사람이 무언가에 합의하게 되면 그 두 사람은 점토를 하나 취하여 두 조각으로 나눈 다음 한 조각씩 나누어가졌다. 계약은 이런 식으로 체결되었다. 계약체결 이후에 분쟁이 생기면 당사자들은 재판관 앞에 나아가 각자가 지니고 있던 점토 조각을 꺼내 맞추어보았다. 재판은 그런 식으로 진행되었다. 바로 그 조각들이 '심벌'이었다. 모든 존재는 잃어버린 반쪽이 있기 마련이고, 모든 존재는 그 존재 자체가 사라졌다고 해서 완전히 소멸되는 것이 아니다. 그 존재 뒤에는 항시 무언가가 남아 있는 것이다. 사악하다는 것은 바로 그 반 조각을 따로 떼어내 그것이 전부라고 주장하는 것이다. 우상숭배가 이런 것이다. 수단을 목적으로 혼동하는 것."

지옥에 대해 생각해보자. 나 역시 다른 사람들과 마찬가지로 지옥에 대한 여러 가지 전통적인 이미지들을 가지고 있다. 하나같이 거짓말 같은 이미지들이다. 내 능력으로는 도저히 천국과 지옥의 이미지를 떠올릴 수 없다. 하지만 구스타프 도레가 그린 『신곡』의 삽화는 사실 그대로의 지옥을 보여주는 것 같다. 내 아버지는 두 권으로 된 두툼한 『신곡』을 소장하고 계셨다(지금은 내가 물려받았지만). 단테의 작품을 후안 아르첸부시가 번역한 것으로 도레의 기가 막힌 삽화가 많이 수록되어 있다. 나는 도레의 삽화를 볼 때마다 감탄사를 연발한다. 과거에도 그랬고 지금도 마찬가지다. 나는 하루 온종일 지옥편과 연옥편에 실린 삽화를 보면서 시간을 보내곤 했다. 사실 나는 천국편에는 그리 흥미가 없었다. 그와 반대로 지옥편과 연옥편은 달달 외울 정도였다. 내가 일곱 살이었을 때였다. 한쪽 눈이 보이지 않았다. 이 사실을 알아차린 어머니가 나를 데리고 안과 의사를 찾아갔다. 아주 친절한 의사였다. 의사의 책장에 어느 작가의 흉상이 하나 놓여 있었다. 나는 진료실로 들어서자마자 이렇게 외쳤다. "엄마 저것 좀 봐, 단테야." 의사는 흉상을 쳐다보았다가 나를 쳐다보았다가 다시 흉상을 쳐다보았다가 어머니를 쳐다보았다가 하다가 이렇게 말했다. "눈이 아주 좋은데 그래. 나는 평생 저걸 쳐다보며 살았어도 저게 누구인지 몰랐는데." 내가 생각하는 지옥은 단테의 지옥이다. 다른 것은 몰라도 단테의 지옥이 가장 유명한 지옥인 것만은 의심할 여지가 없다.

단테는 균형을 잡기 위해 세심한 배려를 아끼지 않았다. 단테의 작품은 100편의 찬가로 이루어져 있다. 하나는 서론이고, 나머지는 천국, 지옥, 연옥으로 균등하게 나누어져 있다. 사랑하는 여인 베아트리체를 찾아 나선 작가는 천국에서 그녀와 만나게 된다. 고대의 시인 베르길리우스가 단테를 안내한다. 지옥은 9개의 동심원으로 구성된다. 이 동심원 안에서 죄인들은 온갖 고통을 당한다. 연옥은 7개의 경사면이 있는 산이다. 이 7개의 경사면은 각각의 원죄를 나타낸다. 죄인들은 이 경사면에서 일련의 죗값을 치러야만 천국으로 올라갈 수 있다. 천국은 9개의 찬란한 원으로 나누어져 있다. 마지막 원에 하느님이 앉아 계시고, 기독교에서 배출한 위대한 성인들이 하느님 주위를 에워싸고 있다.

하지만 『신곡』의 진짜 재미있는 점은 이런 것이 아니다. 단테는 죽은 사람이 아니라 아직까지 살아있는 사람을 지옥으로 보냈다. 본인 스스로 지옥에 갈 준비를 하고 있었던 사람들, 그런 사람들을 지옥으로 보냈던 것이다. 흥미롭지 않은가.

아부드는 이렇게 말한다. "이슬람교의 관점에서 보자면 천국과 지옥은 우리 영혼의 두 가지 상태를 뜻하는 것이다. 단지 장소만을 뜻하지는 않는다. 이 세상에 신은 하느님 한 분밖에 없다고 고백하는 것은 천사가 존재한다는 것을, 천국과 지옥이 존재한다는 것을, 선지자들의 의무를 믿는다는 것을 의미한다.

우리는 이렇게 말할 수 있다. 천국은 지상에서 선을 행한 사람들을 위해 준비된 장소이며, 지옥은 지상에서 악을 행한 사람들을 위해 마련된 장소이다. 하지만 지옥은 기본적으로 하느님의 존재를 믿지 않고 부정한 사람들을 위한 장소이다. 상을 받는 것(즉 천국으로 들어가는 것)과 벌을 받는 것(즉 지옥으로 떨어지는 것)은 지상에서 어떻게 살았느냐 하는 것에 달려있다. 예를 들어보자. 지옥에서 받는 고통은 분명하게 표현된다. 지옥의 고통은 일상생활에서 당하는 고통과 비슷하지만 비교할 수 없을 정도로 과장되어 있다. 지옥에서는 원하는 바가 있어도 도저히 손에 넣을 수 없다. 한편 천국에서는 우리가 사랑했던 모든 것과 영생을 누릴 수 있다. 천국에서는 모든 것이, 모든 사람이 순수하다. 우리는 천국에서도 어느 정도 우리의 의지대로 살 수 있다. 우리의 의지가 바로 우리를 천국으로 인도했기 때문이다. 이런 점에서 우리 인간은 천사와 다른 존재이다. 천사란 나름대로의 의지가 없는 존재, 오로지 하느님의 명령에 복종해야 하는 존재이기 때문이다. 지옥은 일종의 전쟁터라고 할 수 있다. 지옥은 평화가 없는 장소인 것이다. 지옥에서는 가장 사소한 일조차도 힘들고 고통스럽다.

복잡하기 짝이 없는 문제다. 덕스러운 사람이란 과연 어떤 사람인가? 허랑방탕한 생활로 일관하다가 죽음의 순간에 이르러 회개하고 마음을 고쳐먹는 사람들은 어떻게 되나? 평생 법을 지키고, 사회적 규약을 준수하고, 종교 교리에 맞게 살다가 죽기 1년 전부터 여자와 술에 빠져 이웃사람들에게 해를 끼친 사람은 어떻게 된단 말인가? 과연 누가 천국으로 올라갈 수 있는가? 막판에 정신을 차린 사람인가? 아니면 막바지에 진흙탕에 빠진 사람인가? 이슬람교에서는 한 사람이 어떤 모습으로 죽느냐 하는 것에 따라 그 사람의 전체 인생이 결정된다. 이슬람교도로 숨을 거두느냐 그렇지 않느냐에 달린 것이다. 그렇다고 해서 신앙심이 강한 이슬람교도는 절대로 지옥으로 떨어지지 않는다는 얘기는 아니다."

죽음 후의 세계

사람들이 생각하는 천국은 대개 비슷할 것이다. 사람들은 모두 자기 나름대로의 천국관을 가지고 있지만 사람들이 원하는 바가 거의 비슷하기 때문에 전통적으로 내려오는 천국관은 거의가 다 비슷하다. 하지만 그게 무슨 상관이랴! 이런 경우도 종종 있다. 대다수의 사람들이 좋아하는 것을 유독 한 사람만이 싫어한다. 어떤 사람들은 사교적인 모임을 천국으로 생각한다. 칵테일파티, 축제, 진수성찬. 사람들은 이런 곳에 참석하고 싶어 죽을 지경으로 애를 태운다. 반면에 내가 생각하는 천국은 보다 호젓하고 은밀한 장소이다.

천국보다는 지옥을 상상하기가 훨씬 쉽다. 사람들은 남들과 다른 것을 좋아한다. 사람들은 남들과 똑같은 것을 두려워한다. 지배자들은 당근보다는 채찍을 더 선호한다. 반항하면 모두 모가지를 잘라버리겠다고 위협해보라. 그러면 사람들은 모두 겁을 집어먹게 된다. 물론 이때에도 반항하는 집단이 생겨나 정부를 공격하는 경우도 발생할 수 있다. 그러나 아무튼 지옥을 들먹이는 것이 더 효과적인 것만은 사실이다.

골드만의 얘기를 들어보자. "우리 육체가 소멸되고 우리 영혼이 사후의 세계에 도착하게 되면 우선 이런 질문을 받게 될 것이다. '당신은 당신 원칙에 충실하게 살아왔는가? 모든 것을 사랑으로 베풀고 사랑으로 받았는가?' 이런 질문을 받으면 마치 우리가 지상에서 살다가 천국으로 올라간 것이 아니라 천국에서 살다가 지상으로 내려온 듯한 기분이 들 것 같다. 사후의 세계가 있느냐 없느냐, 사후의 세계는 과연 어떤 곳일까에 대한 논쟁이 분분하다. 우리 유대교는 메시아 세상을 믿는다. 그리고 메시아 세상은 바로 이 지상에서 성취해야 한다. 우리는 지상에서의 삶을 중요시한다. 사후의 세계에서 벌어지는 일은 중요하지 않다. 다시 말해 우리는 지상에서의 우리의 삶의 태도를 중요하게 생각한다. 죽음 다음에 벌어지는 일은 중요하지 않다. 중요한 것은 우리가 삶을 살아가면서 어떤 족적을 남기느냐, 다른 사람들의 기억 속에 어떤 모습으로 남아 있느냐 하는 것이다. 이런 속담이 있다. '좋은 향기보다는 좋은 이름이 훨씬 훌륭하다.' 누군가의 이름을 다정다감하게 입에 올리는 것은 그 사람의 본질을 흡입하는 것과 같은 것이다. 기분 좋은

감정을 불러일으키는 향기가 있듯이 아름다운 과거를 되살려
주는 이름도 있는 것이다."

새로운 죄의 탄생

새로운 죄로 간주될 수 있는 행위들이 있다. 이런 죄들은 타
인에 대한 배려가 없을 때 발생한다. 예를 들어보자. 나는 내
친구들에게 이렇게 말하는 경우가 적지 않다. "점심식사는 2시
에 하지. 3시 30분에 다른 약속이 있거든." 친구들은 모두 정각
에 오겠다고 대답한다. 그러나 실상은 그렇지 못할 때가 더 많
다. 20분이나 30분 정도 늦는 것이다. 그리고 그것으로도 모자
라 사과는커녕 내게 덤터기를 씌운다. "자넨 시간을 너무 잘 지
켜. 그게 탈이야." 남을 배려할 줄 모를 뿐만 아니라 거만하고
탐욕스러운 놈들이다. 이런 인간들은 자신이 남들보다 뛰어나
다고 생각하기 때문에 시간을 자기 마음대로 조정한다. 이런
인간들은 남들의 시간을 갉아먹는 식충이들인 것이다.

오늘날 우리 인류의 가장 큰 죄는 무엇일까. 잔인함이 아닐
까 싶다. '잔인함' 이라는 단어는 '피를 뿌리다' 라는 의미의 '크
루오르(cruor)' 에서 나왔다. 잔인한 사람은 선하지 않다. 하지
만 이 잔인함이라는 것도 각자의 직업이나 의무를 고려해서 생
각해야 한다. 외과의사가 피를 볼 때마다 정신을 잃고 쓰러진

다면 어떻게 되겠는가. 그런 사람이 어떻게 의사 노릇을 할 수 있단 말인가.

어떤 행위들은 그 행위 당사자가 사회에서 어떤 역할을 담당하고 있느냐에 따라 덕이 될 수도 있고 죄가 될 수도 있다. 예술가들과 지성인들은 남들로부터 허영심이 강하다고 욕을 먹기 쉽다. 그러나 자기 과시욕이 없다면, 성취욕이 없다면 누가 그림을 그리고 소설을 쓰겠는가. 유명한 피아니스트들은 어느 정도 자기 과시욕이 있는 사람들이다. 그래서 피아노 앞에 앉을 수 있는 것이다.

골드만은 이렇게 말한다. "고양이는 자신의 조건에 대해 생각하지 않는다. 제삼자의 입장에서 자기 자신을 생각해볼 수 있는 능력은 인간만이 지닌 특성이다. 또한 인간에게는 다른 피조물이 갖지 못한 능력이 하나 더 있다. 앞을 내다보는 능력이다. 성경에 나와 있는 사회는 기본적으로 두 가지이다. 수렵사회와 농경사회. 수렵사회 사람들은 오로지 현재만을 생각하고 살았지만 농경사회 사람들은 미래에 대한 감각을 지니고 있었다. 오늘 우리 사회는 여러 면에서 수렵사회를 닮았다. 경쟁의식이 지나치다보니 모든 삶이 현재를 위주로 짜이게 되었다. 승리를 거두고 명성을 날리기 위해서 다른 사람을 사냥하고 처치해야 하는 것이다.

그와 반면에 농경사회에서는 시간을 여러 가지 차원으로 나누어 생각했다. 미래에 대한 감각을 지니게 되었고, 그래서 기다릴 줄 알게 되었다. 기다린다는 것은 희망을 품고 발전시켜 나간다는 것이다. 희망이야말로 지옥의 반대 개념이 아닌가. 경쟁사회는 희망을 잃어버린 사회다. 현재 우리가 살고 있는 사회, 삶에서 의미를 찾지 못하는 사회, 삶을 공허한 것으로 만들어버린 사회, 물질과 과욕으로 텅 빈 삶을 채우려는 사회."

아부드는 이렇게 말한다. "현대 사회의 가장 큰 죄는 근본주의이다. 경제적 근본주의, 사회적 근본주의, 종교적 근본주의, 국가적 근본주의, 개인적 근본주의. 부정부패도 그에 버금가는 죄다. 법을 무시하고 다른 사람들 위에 군림하려는 욕심으로 평등권을 침해하고 부당한 상황을 조장하고 있는 것이다. 전 세계가 마찬가지다. 무관심도 인류에게 채찍질을 가하고 있다. 식량이 없어서, 준비된 약품이 없어서 수천 명이 죽어가도 아무도 신경 쓰지 않는다. 개발이라는 명분하에 수백만 헥타르의 숲이 파괴되어도 눈 하나 깜짝하는 사람이 없다. 누가 더 순수하냐, 누가 더 훌륭하냐 하는 것만으로 사람을 판단하는 근본주의를 내세우며 인종을 차별하고 종교를 차별해도 누구 한 사람 항의하지 않는다."

리베라 레텔리에르는 소비지상주의도 죄로 간주한다. "나는 소비지상주의도 죄로 간주한다. 탐욕과 질투와 탐식을 조장하기 때문이다. 사람들은 이 세 가지 욕심 때문에 한도 끝도 없이 사들이고 또 사들이는 것이다."

요즘에는 많은 사람들이 이기주의를 큰 죄로 간주한다. 하지만 합리적인 이기주의가 고전 윤리학의 기본이었다는 사실을 잊어서는 안 된다. 아리스토텔레스는 '필라우티아(filautia)'에 대해 이야기했다. 이것은 다름 아니라 자기 자신에 대한 사랑이다. 자신이 잘 알고 있는 자기 자신에 대한 사랑. 우리는 우리 자신에게 무엇이 어울리는지 정확히 알아야 한다. 그러나 그렇게 간단한 문제가 아니다. 우리는 우리 자신과 우리의 욕구에 대해 잘못된 생각을 가지기 쉽다. 주변의 압력, 주변의 꼬임, 선동가의 영향력 등등 때문에 판단력이 흐트러질 수 있다는 얘기다. 나는 이기주의와 윤리적인 행위 사이에 어떠한 대립도 존재하지 않는다고 믿고 있다. 다만 한 가지는 요구하고 싶다. 진짜 우리에게 필요한 것이 무엇인지 진지하게 고민하고 성찰해야 한다. 하지만 자기 자신에 대한 사랑만으로 모든 문제가 해결되는 것은 아니다. 우리는 우리 자신을 잘 알아야 한다. 우리 인간은 사회적인 동물이다. 단순히 개인들이 한데 모여 이룬 집단이 아니다. 우리는 우리가 발명한 언어 속에서 살아간다. 우리의 정신과 우리의 생각은 바로 이 언어를 기반으로 형성된다. 우리는 이런 식으로 사회를 이루어 살아가는 것이다. 자기 자신을 사랑한다는 것은 그야말로 완벽한 사랑을 의미한다. 그러나 우리는 우리와 함께 사는 사람들도 사랑해야 한다. 우리의 지적 능력을 사랑하고, 우리의 몸을 사랑하고, 한데 어울려 서로서로를 사랑하는 것이다. 한마디로 연대의식은 고작 자기 몸 하나만을 사랑하는 것이 아니다. 우리에게 필요한 것을 서로 가르쳐주며 살아가는 것이다.

이상하게도 거짓말은 전통적인 죄에 속하지 않는다. 한편 성실과 진실 역시 미덕으로 간주되지 않는다. 나는 오늘날을 특징짓는 죄 중의 하나로 허위, 즉 진실의 왜곡을 들고 싶다. 이것은 아주 심각한 문제다. 우리는 항상 어떤 결정을 내려야 한다. 그러기 위해서는 정확한 정보가 필요하다.

엔리케 핀티는 이렇게 말한다. "많은 경우 그 어떤 신학 이론보다 일반 대중의 말이 더욱 분명한 뜻을 전한다. 사람들은 자식들을 제대로 키우지 않거나, 열심히 살지 않거나, 서로 대화를 나누지 않는 것을 죄로 여긴다. 한마디로 그리 길지 않은 이 세상의 삶을 제대로 즐기지 않으면 죄로 여기는 것이다."

골드만은 이렇게 말한다. "우리가 깊이 연구해보아야 할 문제는 상대성이다. 우리는 삶의 기본 문제에 있어 '어느 정도' 한도를 넘을 수 있다. 그 '어느 정도'가 어느 정도까지 허용되느냐 하는 것이 문제인 것이다. 예를 들어보자. 법률이 허용한다고 해서 한 민족 전체를 몰살시킬 수 있겠는가. 우리는 어느 순간 사리분별을 잃어버릴 수 있다. 모든 것이 다 그렇다. 모으는 데에만 너무 집착하다보면 파괴를 불러일으킬 수도 있다. 일정한 한도 없이 경쟁의식을 발휘하다보면 이 세상은 만인의 만인에 대한 투쟁의 장으로 변해버리고 말 것이다. 경쟁의식은 우리에게 창의력을 불러일으킨다. 물론 좋은 일이다. 하지만 경쟁의식이 너무 지나치다보면 우리는 우리 앞을 가로막는 모든 것을 파괴해버리고 싶은 충동을 느끼게 한다. 공적인 면을 강조하다보면 사적인 면이 파괴된다. 그 반대도 성립된다. 우리는 인류의 복지에 도움이 되는 새로운 요소들을 끊임없이 추구해왔다. 그것들이 쌓이고 쌓인 것이 바로 문명이다. 그런데 문제는 상황이 언젠가는 역전될 수도 있다는 점이다. 지나치게 행복을 추구하다보면 불행을 자초할 수도 있는 것이다.

인류 발전에 있어서 가장 중요한 것은 무엇일까. 적절한 자기비판의식을 갖는 것이다. 그렇지 않으면 인류는 진보할 수 없다. 인류의 역사는 지나친 욕심으로 점철되어왔다. 공적인 것에 대한 사적인 것의 과욕, 부정적인 것에 대한 긍정적인 것의 과욕. 자기비판의식은 우리가 '상식'을 유지하도록 도와준다. 또한 우리가 향수에 젖지 않도록 도와주기도 한다. 우리는 '역시 과거가 좋았지'라고 한탄하고 있어서는 안 된다. 우리는 더 나은 미래가 올 것을 기대해야 한다. 단테의 『신곡』을 보라. 지옥의 입구에는 이런 경고문이 적혀 있다. '이곳에 이른 자는 모든 희망을 포기하라.' 다시 말해 앞으로는 최악의 상황만 남았다는 뜻이다. 하지만 나는 그와는 정반대로 생각한다."

노벨 의학상을 수상한 콘라드 로렌츠는 『우리 사회의 여덟 가지 원죄』라는 책에서 인류를 위협하는 새로운 죄들을 고발하고 있다. 인구과잉, 환경파괴, 사람들 사이의 경쟁의식, 감정의 소멸, 유전자 손상, 전통파괴, 근본주의적인 교육, 핵무기가 바로 그 죄악들이다.

인도의 비폭력주의 지도자 마하트마 간디 역시 나름대로 일곱 가지 원죄를 꼽고 있다. 일을 하지 않고 얻은 재산, 양심을 잃고 얻은 쾌락, 쓸모없는 지식, 윤리성이 결여된 상거래, 인간성이 결여된 과학, 희생 없는 신앙, 원칙 없는 정치.

우리 인류가 안고 있는 윤리적인 딜레마 중 하나는 자칫 자만으로 빠질 수 있는 과학의 발전을 어떻게 계속 발전시키며 어디에 적용하느냐 하는 문제다. 우리는 인간의 게놈(염색체)을 해석할 수 있게 되었다. 분자생물학도 상당 수준 발전했다. 그래서 이제 우리는 이론적으로 인간의 유전자를 조작할 수 있게 되었다. 넬슨 카스트로는 이렇게 설명한다. "언젠가 인간은 결점이 전혀 없는 신과 같은 존재가 될 수도 있을 것이다. 하지만 인간의 영혼은 생화학적으로 다룰 수 있는 분야가 아니다."

나는 눈이 나쁜 사람이다. 그래서 안경을 쓴다. 물론 잘 보기 위해서다. 나는 명백한 한계, 불완전, 질병 따위를 용납할 수 없다. 하지만 분노, 음욕, 탐식 등은 우리 삶의 부정적인 요소임에도 불구하고 그것들을 우리 삶의 기본적인 요소로 생각한다. 따라서 나는 분자생물학을 우리 인간을 비인간화시킬 수 있는 위험한 무기로 간주한다. 인간으로서의 우리의 의무는 우리의 열정과 충동을 관리하는 것이다. 우리는 로봇과 같이 움직이는 완벽한 인간에 대한 유혹에 빠져들어서는 안 된다.

우리는 우연히 태어난 존재들이다. 우리가 특정한 성격을 지닌 존재를 만들어낼 수 있을까. 가능할 수도 있다. 하지만 우리가 만들어내는 존재는 기껏해야 우리의 이익과 부합하는 인간, 우리의 장점뿐만 아니라 단점까지도 그대로 닮은 그런 인간을 만들어낼 수 있을 뿐이다.

생리학적·사회학적 의미에서 살펴보자. 우리 모든 인간은 육체적인 정열에 의해 태어났다. 우리는 실험실에서 만들어낸 존재가 아니다. 이 점이 상징적으로 매우 중요하다. 우리는 카오스(혼돈)에서 실로 우연히 태어난 존재인 것이다. 나는 이런 점을 생각할 때마다 올더스 헉슬리의 『멋진 신세계』가 떠오른다. 헉슬리가 묘사한 세계는 완벽하게 설계된 세계다. 그 세계에서 사람들은 자신에게 주어진 임무만 수행해야 한다. 다른 일을 해서는 안 된다. 다시 말해 자신의 인간 본성을 잃어버리고 다른 사람의 조종에 의해 움직이는 그런 사람들이 사는 세상이다.

지금 우리 앞에는 엄청난 위험이 도사리고 있다. 소위 완벽한 인간이라는 존재는 완벽해질 수 있는 가능성을 잃어버린 존재이다. 우리 인간은 끊임없이 자기 자신을 새롭게 만들어가야 하는 존재인 것이다.

(끝)